どんな場でも知的に見られる

大人の語彙力ノート

どっちが正しい？編

齋藤 孝
Takashi Saito

Otona no Goi-ryoku Note

SB Creative

はじめに

ここ最近、「語彙力」が注目されています。

『語彙力こそが教養である』(角川新書　2015年)を出版して以降、「語彙力」に関する書籍も増え、前作の『大人の語彙力ノート』は「Qさま‼」などのテレビ番組にも取りあげてもらいました。

2017年には女子高生の流行語ランキングでも7位にランク入りし、SNSでは、自分に語彙力がないことを示すために「(語彙力)」「#語彙力」をつける投稿も登場しました。

こう見ると、「自分に語彙力がない」ことを課題として持っている方、また、言葉の面白さに気づいた方など、全体として、日本語への興味を持つ方が増えているように思います。

そこで本書も、もっと日本語について関心を持ち、教養を高めていただきたいと、クイズの形式を取り入れながら、まとめることにしました。
- この言葉はこんなときに使ってよかったのだろうか?
- 目上の人に使うには、どう言えばいいのだろうか?

など、実用的な側面の問題も収録しています。

語彙力を増やすメソッドで、手持ちの言葉を増やそう

本書の後半では、「語彙力」を増やすために必要なメソッドにのっとって、言葉を紹介しています。

シチュエーションごとにすらすらと必要な言葉が出てくるのは大事ですが、「日本語の語彙」自体を増やしたい場合は、より効率的な方法があります。

ここでいくつかご紹介しておきましょう。

● 漢字のイメージから語彙を増やす

それぞれの漢字には、その漢字特有の意味やイメージがあるものです。そのため、全体の言葉の意味がわからなくても、その漢字の意味がわかれば、言葉のイメージをつかめるということがあります。

たとえば、「鳥瞰（ちょうかん）」という言葉を見たときに、内容がわからなかったとしても、「『鳥』だから『上から』ということかもしれない」「そういえば『俯瞰（ふかん）』という言葉もあるな」と気づければ、「上から見下ろすことではないか」という想像がつきます。

漢字の持つイメージをつかむことで、語彙は広がっていきます。

また、四字熟語などには、植物や動物の持つイメージを上手に使っているものもあります。そうした言葉も今回は紹介しています。

● 大和言葉（やまとことば）と、漢字、カタカナ語の言い換えを考える

日本ではかつて、漢文で書かれた「漢籍」が教養とされていました。漢字の熟語はコンパクトに意味を伝えやすく、ビジネスや少しかしこまった場でも使いやすいと言えるでしょう。

ただ、ストレートに伝えると角が立つような場面、また、目上の人のご自宅に訪問するなど、かしこまった場でありながら和やかな雰囲気が必要な場面では、大和言葉が重宝されます。

たとえば、「あの人とは合わないんですよね」とストレートに言うと、わがままな人のように見えてしまいますが、「あの人とはなぜかしっくりこないんです」と言うと、相手への配慮も感じられ、婉曲的に伝えることができます。また、「どうぞ、ごゆるりと」な

どといった、独特のやわらかさも大和言葉にはあります。

　一方で、「リスペクト」「ワイルド」など、カタカナ語はもはや日本語の一部として使われています。カタカナで使われている言葉を日本語にすることで、年長の方に伝えやすくなったり、違う趣きの言葉になることもあります。

● 上の句と下の句をつなげる
　百人一首のように、慣用句やことわざを、上の句（左）と下の句（右）に分けて、それをつなぐという問題も考えてみました。機械的に暗記をして覚えてきた方も多いかもしれませんが、双方の意味をしっかりつかむことで、記憶も定着しやすくなります。

● 対義語（反対語）を考える
　対義語がわかると、その言葉の持つ方向性やニュアンスなどがより深く、理解できるでしょう。

　「語彙力」を増やすことは、教養を高めるための第一歩です。
　単に使えるだけでなく、その言葉を知っているからこそ、さらに得られる知識もあります。
　前作のおさらいになっているところもありますが、ぜひ、楽しみながら語彙を増やしていただけたらと思います。

2018年11月　　　　　　　　　　　　　　　　　　齋藤　孝

CONTENTS

はじめに —001

第1章
目上の人に、かしこまった席で、使えるのはどちら？—007

- 厚くお詫び／深くお詫び
- うらやましい／あやかりたい／おこぼれにあずかりたい
- うまくはない／たしなむ程度／ほんの道楽
- ご逝去／ご冥福／お隠れになる
- 「本日はお日柄もよく」を使えるのは雨の日？　仏滅？
- 快気祝い／退院祝い／お見舞い
- 恵贈／進呈／献上
- お力添え／ご尽力
- 私淑／師事
- ご拝聴／ご清聴
- 感心／感服／敬服
- 構いません。／さしつかえございません。／結構です。
- お久しぶりです。／ご無沙汰しております。／久方ぶりです。
- つかぬことをおうかがいしますが、／閑話休題、
- やぶさかではありません。／満更ではありません。
- 「天地無用」はどう扱う？
- 他意はないのですが、／語弊があるかもしれませんが、
- おなかいっぱいです。／もう結構です。／もう十分です。
- 舌が肥えていますね。／口がおごっていますね。
- 頑張ってください。／期待しております。／ご活躍をお祈り申し上げます。
- わかります。／お察しします。
- お上手ですね。／如才ないですね。／勉強になります。

第2章
その言葉、そのまま使って大丈夫？—053

- 「うざい」を大人の語彙に言い換える
- 「むかつく」を大人の語彙に言い換える
- 「私的に」を大人の語彙に言い換える
- 「わかりますか？」を大人の語彙に言い換える

- 「うざい」を大人の語彙に言い換える
- 「今、暇ですか」を
  大人の語彙に言い換える
- 「仕事をください」を
  大人の語彙に言い換える
- 「超」を大人の語彙に言い換える

第3章
その言葉、正しく使えていますか？——067

- 善後策／次善の策
- 来週／翌週
- 制作／製作
- おざなり／なおざり
- 見限って／見くびって
- 伯父さん／叔父さん
- 喧々囂々／侃々諤々
- 夜郎自大／野郎自大
- 独断専行／独断先行
- 責任転化／責任転嫁
- 蟻の這い出る隙もない／蟻の這い入る隙もない
- 鼻白んだ／顰蹙を買った
- 怒り心頭に発する／怒り心頭に達する
- 琴線に触れる
- 檄を飛ばす
- クラウド
- インバウンド
- トレードオフ
- コンセンサス／エビデンス
- 晩涼／冴え返る／桐一葉／春隣
- 笑う／嗤う／哄笑
- 泣く／啼く／鳴く／哭く
- 少し／わずか
- しばらく／束の間／刹那
- 日暮れ／宵／日没
- 白昼／昼前／昼下がり
- 半時／片時／一刻
- 山笑う／山眠る／山粧う／山滴る

第4章
その漢字、正しく使えていますか？——123

- 鎬／凌ぎ
- 適格／的確
- 一巻／一貫
- 嘘ぶいた／嘯いた
- お仕着せ／押し着せ
- 命じておく／銘じておく

- 敷設／付設
- 書き入れ時／掻き入れ時
- 異才／異彩
- 一堂／一同
- 意に介さない／意に解さない
- 仕合／試合
- 間髪をいれず
- 他人事

- 荒らげる
- 一見の客
- 悦に入る
- 漸次
- 踊る／躍る
- 難なく／何なく
- せいてんの霹靂
- 一家言ある

第5章
「語彙力増加メソッド」で、使える言葉を増やそう——167

- 共通して入る漢字は?
- 大和言葉・カタカナ・漢字・慣用句等に言い換えられますか?
- □□には何が入る?
- 左と右をつなげて言葉にしよう
- 対義語は?

第1章

目上の人に、かしこまった席で、使えるのはどちら?

01

お詫びをするときの言葉として
使えるのはどちら？

A　**厚く**お詫び申し上げます。

B　**深く**お詫び申し上げます。

　「厚く」「篤く」は、受けた**恩・情愛**などの気持ちがはなはだしいという意味があります。**「厚く御礼申し上げます」「ご厚情に感謝いたします」**などという言い回しは聞いたことがあるでしょう。また、人情にあついことを**「篤実」**、親切な志のことを**「篤志」**と言ったりします。

　「深く」は、**感情や思索**などの程度がはなはだしいことを示します。

　したがって、お礼の場合は「厚く」も「深く」も使えますが、お詫びの場合は「深く」を使います。

答え **B**

もっと語彙力

深謝(しんしゃ)

心から感謝する、丁寧にお詫びするという意味があり、感謝する際にもお詫びする際にも使えます。
例文：ご援助に深謝いたします。

不徳(ふとく)のいたすところ

失敗したり事がうまく運ばなかったときに「それは自分に徳がないせいである」として、謝罪したり反省したりするときの慣用句です。「私の力不足です」「不行き届きでした」といった言葉も同様に使われます。
例文：私の不徳のいたすところで、誠に申し訳ございませんでした。

多謝(たしゃ)

厚く礼を述べること、また丁寧に自分の非礼を詫びること。主に手紙やメールなどの文章で使います。後者については、もとは「多罪」という言葉でした。「深謝」同様、**感謝だけではなく、お詫びの言葉としても使うことに注意してください。**

妄言多謝(もうげんたしゃ)

「妄言」は出まかせの言葉。自分の意見を率直に述べた後で、**「自分勝手なことを述べてすみません」**という謙遜の気持ちを示します。手紙などに使われます。

1 目上の人に、かしこまった席で、使えるのはどちら？

02

SNSで目上の人にコメントをするなら、
どの言葉を使う？

A　ご活躍、うらやましいです。

B　ご活躍に私もあやかりたいものです。

C　おこぼれにあずかりたいものです。

「うらやましい」は、他人が恵まれているように見えて、**自分もそうありたいと願ったり、妬ましく思ったりすること**。「妬ましい」という言葉よりも、「そうありたい」という気持ちの強い言葉です。

「**あやかる**」は、他人の理想的な状態に感化されて、**自分も同じような状態になりたいと思うこと**。幸せな人の影響を受けて自分も幸せを感じられるような状況になるなど、よい状態になることを表します。

「**おこぼれ**」は、他人の利益から与えられるわずかなものという意味。「**おこぼれにあずかる**」は、大きな利益を得た人の周りにいた人が、そばにいたというだけでその分け前を得たときに使います。宴会で立場が上の人から盃をいただくときに、「**おこぼれちょうだいします**」などと使うこともあります。

状況によってどれも間違いではありませんが、相手が受け取りやすい言葉としては、「妬ましい」というニュアンスを含む「うらやましい」よりも、「あやかる」がスマートではないでしょうか。

答え　**B**

> もっと語彙力 ✏️

おすそ分け・お福分け

　もらいものや利益の一部を他の人に分けること。他の人からもらった恩恵・福を分ける、ということで、**「お福分け」**という言葉もあります。
例文：実家からみかんが送られてきたので、おすそ分けです。

妬ましい

　漢字で書くと「妬ましい」。「妬」は女へんに石と書きますが、石には「積もる」という意味があり、妻の夫に対する積もり積もった感情を表す文字とされています。**自分よりも優れた人に対してネガティブな感情が入る場合によく使われます。**
例文：彼の成功が妬ましい。

勝ち馬に乗る

　もとは競馬で勝った馬のことでしたが、優位にあるものを見極めて**利益の分け前にあずかろうと味方になること**を指します。
例文：彼は勝ち馬に乗ることばかり考えている。

1　目上の人に、かしこまった席で、使えるのはどちら？

仕事先の人から自分の趣味についてほめられたとき、大人として使いたい言葉は?

A　そんなにうまくはないです。

B　たしなむ程度です。

C　ほんの道楽です。

　「たしなむ」は、常日頃から何か芸事を行なっていて、ある程度の水準まで達していることを指します。**専門家ほどではないけれど、心得はある**といった状況を表現できます。「お酒は強いですか」と言われたときの定番の返答として**「たしなむ程度です」**という言葉もありますが、こちらは「適度に」という意味です。

　「道楽」は、本職以外のことについて趣味として楽しむこと。もともと「道」は仏教の修行のことで、修行によって得た悟りの楽しみのことを指しました。現在は、趣味として楽しんでいることのほかに、**「道楽息子」**など、遊行(ゆうこう)（遊び歩くこと）にふけりだらしがないというニュアンスもあります。

　「道楽」でも間違いではないですが、趣味のレベルをほめられたのであれば、スマートに聞こえるのは、「たしなむ」ではないでしょうか。

答え　B

もっと語彙力

好事家（こうずか）

もの好きな人。 風流を好む人にも使われることがあります。
例文：その本は、一部の好事家だけが関心を持つ内容だった。

粋人（すいじん）

風流を好む人、人情の機微がわかるような人のことを言います。もとは花柳界の事情に通じ、言動や姿もあかぬけている人のことを指しました。
例文：彼は粋人として知られている。

酔狂（すいきょう）

こちらも「もの好き」という意味ですが、もとは酒に酔って常軌を逸することを指しました。「粋狂」と書くこともあります。
例文：この暑さで鍋を囲むなんて酔狂というものだ。

1 目上の人に、かしこまった席で、使えるのはどちら？

04 知人が亡くなったときは、どの言葉を使う?

- A ご逝去(せいきょ)
- B ご冥福
- C お隠れになる

「逝去」は、**他人の死を敬って言う言葉**。お悔やみの挨拶や弔電で、「**ご逝去を悼(いた)み、謹んでお悔やみ申し上げます**」などと使われます。『将門記(しょうもんき)』(940年頃。諸説あり)に、「介良兼(すけよしかね)の朝臣、六月上旬を以て逝去す」という文章もあります。

「ご冥福」もよく聞かれる言葉です。しかし「冥福」は、「死後の幸福」を指すものであり、その考え方に合わない宗教では使えないとする説もあります。したがって使わないほうが無難かもしれません。

「お隠れになる」は、身分が高い人が死ぬことを意味しますので、身近な人には使いません。

答え **A**

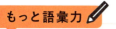

哀悼・哀惜・追悼

「哀悼」は、人の死を悲しみ悼むこと。テレビ番組でも「冥福」の代わりに使われることが多くなりました。**「哀惜」**もほぼ同じ意味の言葉で**「哀惜の念に堪えません」**などと使います。**「追悼」**は、亡くなった方をしのび、悲しむことです。

例文：謹んで哀悼の意を表します。

往生

仏教では死後、極楽浄土に生まれ変わるとされており、そこから転じて死ぬことも指すようになりました。また、**「立ち往生する」**など、動けず困り果てたときにも使われます。

「大」をつけた**「大往生」**は、安らかな死・立派な死を表します。

例文：祖母は100歳で大往生した。

崩御

天皇・皇后・皇太后・太皇太后が亡くなったときに使います。**「薨去」**（皇族、三位以上）、**「卒去」**（四位、五位）といった言葉もあります。

例文：右大臣がお隠れになった。

05

正しいのはどちら?

A （雨の日に）本日はお日柄（ひがら）もよく

B （仏滅に）本日はお日柄もよく

「日柄」とは、天候のことではなく、暦の上での<u>その日の吉凶を指す言葉</u>です。

したがって、雨の日に使っても問題はないですが、仏滅に使うのは避けます。

ちなみに「本日は晴天なり」というマイクテストで使われる言葉も、もともと英語の "It's fine today." を訳したものであり、雨天でも使います。

答え **A**

もっと語彙力

日並（ひなみ）

その日の縁起の善し悪しのこと。日柄と同様です。
例文：日並が悪いから避けたほうがいい。

吉日（きちじつ）

<u>縁起が良い</u>とされている日のこと。きちにち、きつじつとも読みます。
例文：思い立ったが吉日。

佳日・佳辰

縁起が良い日。おめでたい日のこと。「嘉日」もほぼ同じです。「辰」は、十二支の中の竜ですが、時刻や月・星を表します。「北辰」といえば中国で北極星、またそれが星の中心であることから「皇居」「天子」を表すこともあります。

例文：佳日に式典を決行する。

寧日

平穏無事な日。

例文：毎日トラブル続きで寧日がない。

厄日

本来は天候による災難の多い日。陰陽道では**慎むべき日**とされます。たとえば台風シーズンにあたるのが「二百十日」「二百二十日」の厄日です。陰陽道などの影響では、「友引」に葬式、「三隣亡」に建築を行なうことが厄日として嫌われます。

また、何かと災難にあう日について**「今日は厄日だ」**などとも使われます。

例文：台風がくる二百十日は厄日だ。

六曜(六輝)

先勝、友引、先負、仏滅、大安、赤口（しゃっこうとも読む）の六種の日。その日がどれにあたるかによって、吉凶を判断しました。もとは中国からきたものとする説があります。

06

**病気が全快して退院した人にお祝いを
あげるとき、どの言葉を使う?**

A 快気(かいき)祝い

B 退院祝い

C お見舞い

「快気祝い」は、主に入院した本人が、お世話になった人、見舞ってくれた人などに、贈る品物のことです。**「快気内祝い」**などとも言われます。したがって、知人が退院するときのお祝いに「快気祝い」は間違いです。

「お見舞い」は、病気や災難などにあった人のために訪問したり、品物を贈ったりすること。相手が退院後も自宅療養をされている場合は、お見舞いでもかまいませんが、そうでなければ**「退院祝い」**がよいでしょう。

なお、入院は繰り返したいものではないですから、水引は「結びきり」がよいとされています。

答え **B**

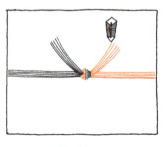

結びきり

松の葉・みどり

「松の葉に包むほどわずかなものです」というへりくだった言い方で、贈答品の表書きなどに使います。「ほんの手土産」という意味で、**目下の人への贈り物**に使います。女性の場合、「まつのは」とひらがなで書くこともあります。

「志は松の葉」ということわざから、「今は差し上げるものは松の葉に包めるほどわずかなものですが、志を汲んでお受け取りください」という意味で使われたという説もあります。

「みどり」は、松の若葉という意味もあります。

粗品

他人に贈る品物について謙遜して言う言葉。こちらも贈り物の表書きにされます。

粗菓(そか)

粗末な菓子の意味です。人に菓子を勧めるときに謙遜して使う言葉です。

07

自分が相手にものを贈るときに、
どの言葉を使う?

A 恵贈(けいぞう)いたします。
B 進呈(しんてい)いたします。
C 献上(けんじょう)いたします。

「恵贈」は、他人から金品や書籍などを贈られたときに、**贈ってくれた人を敬う言葉**です。したがって、**「ご恵贈くださり、ありがとうございます」**という言い方は正しいですが、自分が贈るときには使いません。

「進呈」は人にものを差し上げること。「差し上げる」のややあらたまった表現です。**目上の人以外にも使い、相手を敬う言葉**になります。

「献上」も、ものを差し上げるときの言葉ですが、差し上げる相手が自分よりも**はるかに身分が上**の場合、多くは天皇や貴人の場合に使います。普通に使うとやや大げさな気がします。

したがって、一般的に使いやすいのは「進呈」です。

答え **B**

もっと語彙力

謹呈

謹んで相手に差し上げるという意味です。贈答品の表書きにも書かれますが、主に**目上の人や、自分とは社会的な立場が違う相手**に差し上げるときに使います。

贈呈

「贈呈」も、慶弔やお見舞い以外で人にものを差し上げるときに使います。「進呈」同様、目上の人以外にも使いますが、そのためか、**目上の人への贈り物の表書きには使わないほうが無難**としている百貨店もあるようです。「花束贈呈」など、「進呈」よりも形式ばった印象があります。

寸志

上下関係で**下の人に対して金品を贈る**ときに使います。

謹上

手紙の宛名に添える言葉。昔は手紙に「謹上　〇〇殿」と表書きしました。

恵与

恵贈と同様に人からものを贈られることの尊敬語です。「恵投」という言葉もあります。自分が渡すときには使いません。
例文：ご恵与の品。

08

目上の人に助けをお願いするときに使うのは、どちら?

A お力添えをお願いします。
B ご尽力(じんりょく)をお願いします。

「お力添えをお願いします」の**「力添え」**は手助けすること、援助すること。依頼の文章での定番表現です。

「尽力」は、あることの実現のために力を尽くすこと。

したがって、相手に「力を尽くしてください」と頼むのは失礼にあたります。ちなみに「尽力を尽くす」は誤りです。

「尽力」は、**「誠心誠意、尽力させていただきます」**など自分が今後頑張っていこうという意志を相手に示すときに使ったり、**「多大なるご尽力をいただき、誠にありがとうございます」**というふうに、助けていただいたときの感謝の気持ちを表したりするときに使います。

答え **A**

> もっと語彙力 ✏️

寄与(きよ)

社会や人のために力を尽くして役立つこと。「尽力」と比べると、**その後の結果まで含んだ言葉**です。
例文：科学の発展に寄与する。

献身

我が身を顧(かえり)みず人のために尽くすこと。自己犠牲のニュアンスがあります。
例文：献身的な看護で患者は回復に向かった。

コミットメント

誓約・公約の意味。何かの仕事などについて、責任を持ってかかわるという意味があります。金融機関の**「コミットメントライン」**は、あらかじめ設定した条件でいつでも借り入れができると約束する契約のことです。英語では、commitmentです。
例文：取引相手のコミットメントをもらう。

後ろ盾(うしろだて)

陰で助けたり、支援をすること、またその人。背後からの攻撃を防ぐ盾、ということです。
例文：彼には、強力な後ろ盾がある。

1 目上の人に、かしこまった席で、使えるのはどちら？

Q 直接、お世話になっている先生を紹介するときに使うのはどちら?

A 私が**私淑**しております
〇〇先生を紹介します。

B 私が**師事**しております
〇〇先生を紹介します。

「私淑」は、直接教えを受けることはできないけれど、尊敬し、模範として学んでいる人のことを指します。「私」はひそか、「淑」はよしとするという意味もあり、ひそかに尊敬しているというニュアンスがある言葉です。

「師事」は、先生として尊敬する人にその教えを直接受けること。「事」は仕えるという意味がありますので、弟子として仕えながら教えを受けるという意味合いもあります。

したがって、直接教えを受けているのであれば、師事が正しいと言えます。

答え **B**

> もっと語彙力 ✏️

薫陶を受けた

「薫陶」は、陶器の「陶」の字が入っています。香をたいて香りをしみこませた粘土をこね、形を整えて陶器を作ることから、自己の徳で他人を感化すること、優れた人格で教え育てることを指します。恩師に対して**「薫陶の賜物と感謝しています」**と使うこともあります。

例文：先生の薫陶を受ける。

インスパイア

思想や感情を吹き込むこと。影響を与えて行動や意欲を引き起こすことです。インスパイアの名詞形は、**「インスピレーション」**です。こちらは、自分で考えたものではなく、天啓のようにひらめくことを指します。「彼の言葉にインスピレーションを受けた」などと言いますね。

例文：先生の小説にインスパイアされました。

恭順

謹んで、命令に従うこと。対義語は「反逆」です。

例文：恭順の意を表す。

1 目上の人に、かしこまった席で、使えるのはどちら？

スピーチの後に挨拶をするなら、どちら?

A ご拝聴(はいちょう)ありがとうございます。
B ご清聴(せいちょう)ありがとうございます。

「拝聴」は「聴く」ことの謙譲語です。「ご意見を拝聴します」などと、相手の話を聞く自分自身の行動をへりくだるときに使います。

「清聴」は、自分の話を聞いてくれたことを敬う言葉です。「ご清聴ありがとうございます」とよく使われます。

したがって、聞いてくれた人の行動を敬う「ご清聴」が正しいです。

答え **B**

もっと語彙力

静聴（せいちょう）

講演などを静かに聞くこと。「清聴」同様、**聞いてくれた人に敬意を込めて「ご静聴」と使う**ことが多いです。
例文：ご静聴ありがとうございました。

傾聴（けいちょう）

耳を傾けて熱心に聞くこと。積極的に相手の言葉を傾聴して、相手への理解を深めようとするコミュニケーション技法として**「アクティブリスニング」**が近年注目されています。
例文：それは傾聴に値する意見だ。

謹聴（きんちょう）

「謹」という漢字が入り、相手の話を謹んで熱心に聞くことです。**目上の人の話を聞くとき**に使う、へりくだった言葉です。
例文：ご高説を謹聴します。

陪聴（ばいちょう）

目上の人と同席して話を聞くこと。「陪」は「そばに付き添う」という意味です。
例文：お話を陪聴する。

> 1　目上の人に、かしこまった席で、使えるのはどちら？

11

Q かなり目上の人をほめるなら、どの言葉を使う?

A **感心**しました。
B **感服**(かんぷく)しました。
C **敬服**(けいふく)しました。

「**感心**」は、優れていて心を動かされること。「見事な技に感心する」などと使います。ただし、目下の人が使うと、**目上の人を評価しているようにとられてしまう**恐れもあります。

「**感服**」は、深く感じて、自分はかなわないと思うこと。「服」には、心から従う、慕うという意味があります。出来事や業績・仕事などについて用いられます。

「**敬服**」は、**心から感心して尊敬の念を持つこと**で、「感服」と似ていますが、「敬」という言葉が入り、相手を敬う言葉となります。

「感服」は間違いではないですが、かなり目上の方であるならば、一番よい選択は、Cの「敬服」でしょう。

答え **C**

もっと語彙力

心服

心酔し従うこと。畏れ従うことである「畏服」という言葉もあります。
例文：師匠に心服し、弟子になった。

感銘を受ける

心に刻み込まれて忘れられないほど感動することです。この場合の「銘」は刻み込むという意味があります。石に刻み込まれた文などを「銘文」とも言いますね。
例文：彼の著作に感銘を受け、生き方を見直した。

胸を打つ

感嘆すること。感動すること。「胸」は心を、「打つ」は感動を与えることを意味します。ちなみに「撃つ」は誤りです。
例文：勇気のある行動に胸を打たれる。

インプレッション

「インプレッション(impression)」は、印象や感銘のこと。「強いインプレッションを受けました」などと言います。
例文：ファーストインプレッション（第一印象）は最悪だった。

1 目上の人に、かしこまった席で、使えるのはどちら？

Q 「それでいいです」と目上の人に伝えたいときは、どの言葉を使う?

- A　構いません。
- B　さしつかえございません。
- C　結構です。

「構う」の否定形である「構わない」には、それを「容認する」意味があります。特に相手の行動に関して使う場合は、**相手の行動に対して許可を与えることになります。**そのため、本来は目上の人に使うにはそぐわない言葉です。

「さしつかえない」の「さしつかえ」は、差し障り、もしくは、都合の悪い事情を表します。「さしつかえございません」で、**依頼を受けても不都合はない**ことを伝えます。**「差し障りありません」**とほぼ同じです。

「結構」は、「結構なご邸宅ですね」と言えば、非のうちどころがないという評価を指しますが、そこから**「今のままで十分なので、これ以上は必要としません」**という断りのときにも使われます。「もう、結構です」などと言うと、冷たく聞こえることもありますので、ここでは「さしつかえございません」がよいのではないでしょうか。

答え **B**

 もっと語彙力

ご心配には及びません。

「心配」は心にかけて悩むこと。**「心配する必要はありません」**という気持ちを伝えます。
例文：（相手の気遣いを受けて）ご心配には及びません。

支障はございません。

「支障」は差し障りのこと。一般的に使われる言葉です。
例文：トラブルがありましたが、スケジュールに支障はございません。

異存（いぞん）はありません。

「異存」は他の人とは違う考え、または「反対意見」を指します。「異存はありません」で、**「それに反対する意見はありません」**という意思を伝えます。
例文：異存はございませんか？

万障（ばんしょう）

「あらゆる障害」を指す言葉です。文章や挨拶文でよく使われます。
例文：万障お繰り合わせのうえ、ご出席ください。

13

「連絡しなくてすみません」という
ニュアンスを伝えるなら、どの言葉を使う?

A お久しぶりです。
B ご無沙汰しております。
C 久方ぶりです。

「久しぶり」は、**ある時点から長い時間が経ったこと**を示す言葉です。再会したときの挨拶の言葉としてよく使われます。**「久方ぶり」**は、「久しぶり」の少しあらたまった表現です。

「ご無沙汰」は、長い間便りなどがないことを意味する「無沙汰」を丁寧に言う言葉であり、**長らくかかわりがなかったことをお詫びする挨拶の言葉**です。**「長らくご無沙汰しております」**などと使います。

長い間連絡をしなかったお詫びを込めるなら「ご無沙汰しております」がよいでしょう。

答え **B**

もっと語彙力

無音(ぶいん)

「音」は便りの意味で、長い間便りをしないこと。主に手紙で使われます。

例文：長らく無音に打ち過ぎ、申し訳ございません。

久闊(きゅうかつ)

長い間会わなかったり便りをしないこと。**「久闊を叙(じょ)する」**という慣用句は、久しぶりに会って話をすること、もしくは長い間会わなかったお詫びの挨拶をするという意味です。「叙する」は、述べるという意味です。

例文：書状をもって久闊を叙する（お詫びをする）。

梨の礫(つぶて)

相手からの連絡がないこと。「無し」と「梨」をかけているユニークな言葉です。

例文：何度も連絡したが、梨の礫だ。

音信不通(おんしんふつう)

お互いに便りがないことを指します。「無音」は自分が連絡しなかったこと、「梨の礫」は相手からの連絡がないことを指しますが、「音信不通」は**お互いにやりとりがないこと**を指しています。

例文：その後、音信不通になっている。

話を急に変えるときに使うのは、どちら？

A　つかぬことをおうかがいしますが、

B　閑話休題(かんわきゅうだい)、

「つかぬこと」は、前の話と関係がないこと、だしぬけなことを指します。

　話を変えるときなどに「それまでの話と関係ない話で失礼ですが」という意味を込めて使う丁寧な言い方です。漢字では「付かぬ事」と書き、「その前とは関係ないこと」を意味します。

「閑話休題」は、横道にそれていた無駄話を**本筋に戻すこと**。「それはさておき」「ところで」と同じ意味で使われます。「閑話」は無駄話、「休題」は、それまでの話をやめること、という意味です。「雑談をして休もう」という意味合いで使う人もいますが、それは誤りです。

答え　A

もっと語彙力

折り入ってお願いします。

「相手を心から信頼して特別に」という気持ちで、お願いごとや相談をするときに使います。
例文：折り入ってお願いがあるのですが、

それはさておき、

話題を転じるときに使う言葉です。「ところで」などと同じ意味で使います。
例文：それはさておき、本題の件ですが……。

余談ですが、

「余談」は、本筋から離れた話のこと。「余談ですが」は、本題から外れた話をするときに使い、「余談はさておき」は、本題に戻るときに使います。
例文：余談ですが、私が好きな映画俳優は……。

1 目上の人に、かしこまった席で、使えるのはどちら？

15

目上の人から依頼されて、やる気があることを伝えるなら、どちら?

A やぶさかではありません。

B 満更ではありません。

「やぶさか」は古くは「物惜しみする」という動詞でしたが、今は「やぶさかでない」「やぶさかではありません」という形で「〜する努力を惜しまない」ということを表します。

漢字では、物惜しみするという意味の「吝」を使って「吝か」と書きます。「吝嗇」(けちなこと)という言葉もあります。

「満更でもない」は、基本的には「必ずしも悪くはない」という意味で使います。目上の人に何かを依頼されたときに使う言葉としては、適していません。

したがって、正しいのは「やぶさかではありません」です。

答え **A**

もっと語彙力

精励

仕事や学業について努力すること。主に文章で使われます。力を尽くして自分の職務に励むことを意味する「精励恪勤」という四字熟語もあります。

例文:仕事に精励する。

犬馬の労
けんばのろう

　<u>他人のために力を尽くすこと。</u>「犬馬」は自分の働きをへりくだって表現しています。
例文：お世話になった先生のために犬馬の労をとる。

やまやま（山山）

　「ぜひそうしたいのに、実際にはそうできない」という気持ちを表す言葉です。<u>「行きたいのはやまやまですが」</u>などと断るときなどにも使います。通常、ひらがなで書きます。
例文：参加したいのはやまやまですが、あいにく別件がありまして。

モチベーション

　動機づけ。行動を起こそうとするきっかけとなるもの。意欲や、やる気自体も表します。
例文：モチベーションを高めて頑張ろう。

1　目上の人に、かしこまった席で、使えるのはどちら？

16

「天地無用」と書かれた荷物が届いたときの
正しい対応はどちら?

A 無用なのでひっくり返してもいい。

B ひっくり返してはいけない。

「天地無用」と書かれたシールが、宅配便に貼られていることがあります。これは、「破損する恐れがあるため、上下をさかさまにして取り扱わないでください」という注意を表します。

「無用」とあるので、「天地（上下）」は考えなくてよい、と勘違いしている方もいるかもしれませんが、この**「無用」**は、**「用をなさない」「してはならない」**という意味。したがって、**「上下を逆にしてはいけない」**ということなのです。

答え **B**

もっと語彙力

心配無用

「無用」は、「その用事がないこと」という意味。「心配無用」で、**「心配はいらない」**ということですね。
例文：心配はご無用です。

無用の長物（ちょうぶつ）

あってもかえって**邪魔になるもの**。「長物」とは長いものという意味のほか、無駄なものという意味があります。
例文：そんな立派な置物をもらっても、**無用の長物**だ。

無用の用

無用（用をなさない）とされているものが、実は大きな役に立っていること。『荘子』に「人は皆有用の用を知りて、無用の用を知る莫（な）きなり」（人はみんな役に立つものの価値は知っているが、無用に見えるものが真に役立つものだとは知らない）という言葉があります。
例文：「そりゃ実益も結構、〜しかし無用の用ってこともあるんだからね」（『路傍の石』山本有三）

問答無用

あれこれ受け答えをする必要がないこと。特に相手の意見を聞かず、一方的に自分の意見を主張して話を終わらせるときに使われることが多いです。すでに方針が定まっているときにも使います。
例文：その件については**問答無用**だ。

17

Q 「相手に誤解を与えるかもしれない」
という思いを先に伝えておくときに使えるのはどちら?

A **他意**はないのですが、
B **語弊**があるかもしれませんが、

「他意」は、他の考えという意味から「心に隠した別の考え」を指します。
「ただの冗談で、他意はありません」などと言うことで、相手への悪意がないことを示します。
「語弊」は、言い方が適切でないために起こる誤解のこと。
「こう言うと語弊があるかもしれませんが」という使い方で、先にこちらの意図を汲んでもらいます。

答え **B**

もっと語彙力

二心　ふたごころ

二つの心を持つ、という意味から、味方や信頼されている人に背く心。表面では主君によく仕えながら、裏では謀反をたくらむ場合などに言います。「二心ある人にかかづらひたる女」(浮気心のある男に関係した女)(『源氏物語・若菜』)など、浮気心という意味もあります。
例文：二心を抱く。

余念
よねん

余計な考え、当面行なっていることとはかかわりのない考え。「**余念がない**」で集中して取り組んでいる様子を示します。
例文：医学の研究に余念がない。

心得違い
こころえちがい

事実とは違う認識をしてしまうことのほかに、**道理に外れている**ことを非難するニュアンスもあります。
例文：君は心得違いをしている。

曲解
きょっかい

相手の言動などを**故意に曲げて解釈すること**。
例文：そんな曲解をされても困る。

本末転倒
ほんまつてんとう

大切なことと些末(さまつ)なことを取り違えること。
例文：それは本末転倒だ。

1 目上の人に、かしこまった席で、使えるのはどちら？

18

お腹がいっぱいで、それ以上の食事を
やんわり断りたいとき、どの言葉を使う?

A　おなかいっぱいです。

B　もう結構です。

C　もう十分です。

「おなかいっぱいです」は少しスマートさに欠けます。

「結構です」は、先述したように、「それで満足」と「それ以上は不要」という両方の意味を持ち、拒否する場合にも使われます。したがって言い方には注意が必要でしょう。

「十分です」の「十分」は、何一つ不足がないという意味です。

誤解を招かない表現としては「十分です」のほうがよいでしょう。

答え C

もっと語彙力

十二分

十分を強めた言い方です。
例文：実力を十二分に発揮して成果をあげた。

お口直し

まずいものや苦い薬などを飲んだ後に、別のものを食べて前の味を消すこと。**新たに料理を勧めるときなどにも使われます。**
例文：お口直しに、どうぞ。

お口汚し
<ruby>汚<rt>よご</rt></ruby>

人に料理を勧めるときにへりくだって使う言葉。料理が少なかったり粗末だったりして謙遜する気持ちを表現します。
例文：ほんのお口汚しですが、よろしければ召し上がってください。

お平らに
<ruby>平<rt>たい</rt></ruby>

足を崩して座るように勧めるときの言葉です。
例文：どうぞお平らに。

お膝送り
<ruby>膝<rt>ひざ</rt></ruby> <ruby>送<rt>おく</rt></ruby>

空席を作るために**座ったまま少しずつ順に席をつめる**こと。
例文：込み合ってまいりましたので、お膝送りを願います。

1 目上の人に、かしこまった席で、使えるのはどちら？

ほめ言葉として使えるのはどちら？

A 舌が肥えていますね。

B 口がおごっていますね。

「舌が肥える」は、美味しいものを食べ慣れて、**味を識別する力がつく**こと。

「口がおごる」は、美味しいものばかり食べて、**食べ物に贅沢になること**です。

ほめ言葉とするなら、「舌が肥える」です。

ちなみに、「舌」を使った表現には、「**舌先三寸**」があり、口先だけで心がこもっていない言葉のことを指します。また、「**二枚舌**」は、前後の矛盾したことを言うこと、嘘を言うことです。

答え **A**

もっと語彙力

隅におけませんね。

「隅におけない」は、思いのほか技量・才能があって軽視できない、という意味です。だからこそ、「その人を隅に置いておくわけにはいかない」という表現になるわけですが、「思いのほか」という意味合いもありますので、**さほど仲の良くない先輩に言うと「なんだと！」と思われてしまうかもしれません。**

例文：彼女がいたなんて、隅におけませんね。

気が利きますね。

　細かなところまでよく気づくこと、機転が利くこと。基本的にはほめ言葉ではあるのですが、**目上の人に使うのは失礼です**。「お気遣いありがとうございます」「お心遣いに感謝します」といった言葉がふさわしいでしょう。
例文：帰りの切符を手配してくれたとは気が利きますね。

そつがないですね。

　無駄がない、手落ちがない、という意味の言葉です。ただし**「抜け目がない」というマイナスのニュアンスも含みます**ので、上の人に使うのは避けたほうがよいでしょう。
例文：受け答えにそつがないですね。

したたかですね。

　「したたか」は、「強か」と書きます。しっかりしているという意味ですが、一筋縄ではいかない人、世慣れている人という意味もあります。こちらも**悪い場合に使うことがある**ので、目上の人には使わないのが無難です。
例文：すでに根回しを進めているなんて、相手もしたたかですね。

1　目上の人に、かしこまった席で、使えるのはどちら？

20

目上の人を激励するには、どの言葉を使う?

A 頑張ってください。

B 期待しています。

C ご活躍をお祈り申し上げます。

「頑張る」は持てる力を出して努力することですが、目上の人に対して「努力してください」と言うのは、若干上からのもの言いに聞こえるという人もいるようです。

「期待」は、望ましい状態が実現するのを待っている気持ちを指します。「現在はそうなっていない」ことが前提になるので、目上の人に使うにはふさわしくないとする説もあります。

無難に使える表現としては、「ご活躍をお祈り申し上げます」「ご健闘をお祈り申し上げます」「陰ながら応援させていただきます」「成功を祈っております」といった言葉になるでしょう。

答え **C**

もっと語彙力

健闘

「健闘」は、**一所懸命に闘うこと**を指す言葉です。
例文：選手の健闘を称える。ご健闘をお祈り申し上げます。

敢闘(かんとう)

勇敢の「敢」の字が入っているように、**勇敢に闘うこと**を示します。
例文：敢闘賞をもらった。

点滴穿石(てんてきせんせき)

したたり落ちる水の滴(しずく)でも、年月が経てば石に穴をあけることから、小さな力でも根気よく続ければ大きなことを成し遂げられる、ということです。「**雨垂(あまだ)れ石を穿(うが)つ**」という言葉もありますね。いずれも中国の故事に由来するものです。

エンカレッジ

元気づけること。激励すること。名詞は「**エンカレッジメント**」です。小学校・中学校に通えなかったり、十分に力を発揮できなかった人のための「**エンカレッジスクール**」や、何かの目的で人を育成する「**エンカレッジメントプログラム**」など、一般には、対象となる人を支援・育成するといった意味で使われることが多いです。

1 目上の人に、かしこまった席で、使えるのはどちら？

上司の愚痴に共感するならどちら？

A　わかります。
B　お察しします。

　先輩や上司がふと愚痴をもらしたとき、「わかります」とだけ言うと、「お前に何がわかるんだ」「あなたに何がわかるの？」と逆効果になることもあります。
　代わりに使える言葉を考えてみましょう。
　「察する」は推し量って事情などを察知すること、相手の気持ちなどを推し量ること。**「心中お察しします」**などと言って、「気持ちは理解していますよ」と相手に寄り添う言葉です。

答え **B**

お見受けします。

「見受ける」で、**見て判断すること**。「お見受けします」で、相手の状況について察する言葉になります。
例文：お風邪がひどいようにお見受けいたしますが、ご体調はいかがでしょうか。

拝察(はいさつ)

自分が推察することを**へりくだって言う謙譲語**です。手紙などでよく使われます。
例文：ご健勝のことと拝察いたします。

賢察(けんさつ)

「拝察」が自分が推察することを意味するのに対して、「賢察」は、**相手の推察への尊敬語**です。「事情ご賢察のうえ、お取り計らいいただきますようお願い申し上げます」など、こちらがかける迷惑について、許しを請う表現としてよく使われます。
例文：短い日程ではございますが、事情ご賢察のうえ、期日までの納品をお願い申し上げます。

目上の人をほめるとき、どの言葉を使う?

A お上手ですね。
B 如才(じょさい)ないですね。
C 勉強になります。

　目上の人をほめることは、「それについて評価する」という雰囲気があり、本来的にはあまりすべきではないと言う人もいます。特に職場などでは「上から目線に感じられて、嬉しくない」という意見もあります。では、どのような言葉が使えるのか、考えてみましょう。

　「上手」は物事が巧みなこと。ただし、子どもをほめるときにも使われるため大人にはそぐわないと言う人もいます。また**優劣の判断を含むので、目上の人には使うべきではないでしょう。**

　「如才ない」は、気が利いていて抜かりがないことです。「彼はいつも如才ない」などと使われますが、**時に要領のよさが目立つという点で、軽い侮蔑を含めて使われることもあります。**

　「勉強になります」は、「○○さんのお仕事を拝見していると自分にとっても学ぶことが多い」というほめ言葉になります。

　目上の人は、具体的な話で間接的にほめるほうが問題はないと思います。

答え **C**

もっと語彙力

格が違う

「格」は、地位や身分を指しますが、それにふさわしい趣きについても使われます。
例文：オリンピック選手は格が違う。

思わず〜してしまいました。

「思わず」は、思いがけないこと、無意識に、という意味です。目上の人へのほめ言葉としては、**「スピーチを聞いて思わずメモをとりました」**などと使うとよいでしょう。
例文：感動的なお話に思わず涙が出てきました。

巧（たく）み

技などが優れている様を指します。「巧みな演奏」など、どちらかというと文章中で使われます。
例文：巧みな筆致の絵画。

絶妙

比べることができないほど巧みな様を表します。「絶妙な味わい」など、よい意味で使われることが多い言葉です。
例文：絶妙なタイミングでカメラのシャッターを切った。

巧妙(こうみょう)

　方法・手段・技術が、非常に巧みな様子です。「この手口は巧妙だ」などと、悪い意味で使われることも多いです。
例文：巧妙なトリックに騙(だま)された。

老巧(ろうこう)

　経験を積んで巧みなこと。抜け目がないといったニュアンスを含めて使われることもあります。
例文：老巧な政治家。

クール

　涼しい、冷めたという意味のほかに「かっこいい」という意味があります。見た目以外に、生き方などにも使います。さすがに、目上の人には用いません。
例文：彼のファッションはクールだ。

手練(てだ)れ・手足(てだ)れ

　技芸・武芸などの腕前が優れていること。
例文：剣術の手練れ。

第2章

その言葉、
そのまま使って大丈夫?

23

「うざい」を大人の語彙に言い換えると…

□□しい
（漢字二字で）

　もともと「うざい」は、「うざったい」という言葉を略した言葉です。「うざったい」は**うっとうしくて目障りな様子**を表します。もとは、小言やたくさんの虫など、ごちゃごちゃと煩わしいものを表す「うざうざ」という擬態語からきたのではないかという説があります。

　これを言い換える表現が「鬱陶しい」です。

気分が晴れずにふさいだ様子、邪魔なものがあってうるさい感じを表します。「何かと文句を言ってくる店長が鬱陶しい」などと使います。

答え 鬱陶しい

もっと語彙力

煩わしい

　面倒なことが起きて嫌気がさす、うるさい、厄介な気持ちを表す言葉です。竹取物語にも「かくわづらはしき身にて侍れば」という一文があります。「煩」は、煩雑の「煩」ですね。

例文：煩わしい作業から解放されたい。

鬱鬱（うつうつ）

「鬱陶しい」と同様、気分が晴れないことを指しますが、「鬱鬱」は自分の心の状態から、**いつもは楽しめることも楽しむ気になれない**というニュアンスがある一方、「鬱陶しい」は、楽しみたくても状況が悪いので楽しめないという文脈で使われます。文章で主に使います。

例文：鬱々とした気持ちで何もしたくない。

くだくだしい

事柄が**必要以上に長々しかったり、細かすぎること**。くどくて煩わしいことです。

例文：くだくだしい説明で、嫌になる。

こうるさい

小さいことをあれこれ言うこと。**何かにつけてうるさい**様子です。

例文：こうるさい主人。

「むかつく」を大人の語彙に言い換えると…

□唾が走る
（漢字一字で）

　「むかつく」は、胸がむかむかする、腹が立つ、という意味の言葉です。どちらかというと俗っぽい言葉ですので、友人同士の話で出てくるのは構いませんが、会社などで使っていると、感情のコントロールができない人のようにも見えます。
　「虫唾（むしず）が走る」は、ひどく不快なことを指します。「虫唾」は、「虫酸」とも書きます。「虫唾」はむかむかしたときに胃から出てくる酸っぱい液のことで、**虫唾が出て吐き気をもよおすほど嫌う**という意味の言葉です。昔は体の中に虫がいて悪さをする、と考えられていたそうです。

答え **虫**唾が走る

もっと語彙力

癪（しゃく）に障（さわ）る

　物事が気に入らなくて腹が立つこと。「癪」は、胸部・腹部に起こる激痛。現在では胃腸疾患、胆石などがそれに該当すると考えられています。古くは、辛苦が積もって起こる女性の病気と考えられていました。その心理的な部分をとらえて「癪に障る」という言葉が生まれました。
例文：いちいち細かいことを言ってくるので、癪に障る。

癇かんに障さわる

神経を刺激されて**イライラすること**。腹立たしく思うこと。「癇」は、「癪」と似ていますが、ひきつけなど子どもがかかる病や、神経質で興奮しやすい気質のことを言います。「癪」と合わせて、「**癇癪かんしゃく**」という言葉もあります。
例文：彼の言動がいちいち癇に障る。

目に角かどを立てる　めくじらを立てる

怒りで鋭い目つきでにらむこと。怒ると丸い目が三角になることからの言葉です。「めくじらを立てる」は**目を吊り上げて人のあら探しをしたり、ささいなことを取り立ててとがめたりすること**です。
例文：目に角を立てて叱る。
例文：そんな小さなことでめくじらを立てなくてもいいのに。

目に角を立てる

「私的に」を大人の語彙に言い換えると…

私□ですが、この案がよいと思います。

（漢字一字で）

「私的に〜」は、最近よく使われる言葉ではありますが、公的な場にはそぐわない言葉の一つです。

使うなら、「**私見ですが**」という言葉がふさわしいでしょう。

「私見」は、自分一人の意見もしくは自分の見解を<u>謙遜</u>して言う言葉です。「私見」の「見る」は、「見分ける」「考える」という意味。「私見ですが」で、「私の考えでは」という意味になります。

答え 私見ですが

> もっと語彙力 ✏️

管見(かんけん)

　竹の管を通して見るような狭い見識や考え方のことで、自分の見解をへりくだって言う言い回しです。**「井蛙(せいあ)の見」**といった言葉もあります。
　似た言葉の**「浅見(せんけん)」**は自分が謙遜するときだけでなく、「あなたの意見は浅見だ」などと他の人の意見についても使います。いずれも少し古く堅苦しい言い方です。
例文：あえて管見を述べさせていただきますが。

愚見・卑見(ぐけん・ひけん)

　自分の意見の謙譲語。愚かな意見という意味です。**「卑見」**も同じように使います。
例文：愚見を申し上げますが。

目上の人に何かを教えるとき、「わかりますか?」を大人の語彙に言い換えると…

ご不☐な点はございますでしょうか?
（漢字一字で）

　自分より目上の人に何かを教えるときに、「わかりますか」「おわかりでしょうか」と言うと、相手は見下されたように感じることがあり、丁寧に言っても、気分を害されることがあります。この場合、どう伝えたらいいでしょうか?

　「わかりますか？」の言い換えとして、「ご不明な点はございませんでしょうか」「ご不明な点がございましたら、ご連絡ください」という言い方はいかがでしょうか。「不明」は、明らかでないこと、よくわからないことを意味します。

答え　ご不明な点はございますでしょうか?

もっと語彙力

不備

十分に整わないこと。メールなどで**「不備がございましたらお知らせください」**などと使うことがあります。また、文意が整わないときに手紙の最後に「不備」と添えることがあります。
例文：こちらの不備で誠に申し訳ございません。

拙（つたな）い

能力などが劣っていること。多くは、自分の能力についてへりくだって言う場合に使われます。**「拙い説明でしたが、最後まで聞いていただいてありがとうございました」**などと使われます。
例文：拙い文章で申し訳ございません。

拙速（せっそく）

仕上がりはよくないが、仕事は速いこと。対義語は、上手だが仕上がりが遅い「巧遅（こうち）」です。
例文：巧遅は拙速に如（し）かず（「出来がよくても遅いことは、出来が悪くても速いことに及ばない」ということから「物事は素早く決行すべき」という意味の言葉。『孫子』からきています）。

27

「今、暇ですか?」を、大人の語彙に言い換えると…

今、お手□□ですか?
(ひらがな二字で)

　暇は仕事のない時間や自由に使える時間のこと。でも、いきなり「暇ですか?」と言われると、失礼な感じがします。
「お時間はございますか?」「お手すきのときにお願いします」などといった表現を使ったほうが上品に感じられますね。
　「お手すき」は「お手隙」と書きます。手に隙があるのですから、仕事がなくて暇なこと、手が空いていることです。

答え　今、お手すきですか?

もっと語彙力

閑暇(かんか)

　「暇」の漢語表現。**するべきことのない状態**です。主に文章で使います。
例文:閑暇を得る。

寸暇（すんか）

わずかな暇ということです。「**寸暇を惜しんで〜**」という使い方が多いです。
例文：寸暇を惜しんで研究する。

閑日月（かんじつげつ）

のんびりした気分の暇な月日のこと。
例文：引退して閑日月を送る。

忙中閑あり（ぼうちゅうかんあり）

「**どんなに忙しくても、わずかな時間の余裕はある**」ということです。「閑」は「ひま」ということです。

閑古鳥が鳴く（かんこどりがなく）

人が訪れなくて寂しい様ですが、多くはお店などにお客さんが来なくて、**商売がうまくいかない状況**を指します。「閑古鳥」とは、カッコウのこと。山里で聞くカッコウの鳴き声が寂しいことからきています。「暇がある」というよりも、「商売が流行らない」という意味で使われることに注意してください。
例文：このところの不景気で、お店は閑古鳥が鳴いているよ。

28

Q「仕事をください」を大人の語彙に言い換えると…

ご用□ください。
（漢字一字で）

「仕事をください」とはストレートに言いづらいときがあります。そこで使えるのが「ご用命」です。

「用命」は、用事を言いつけること、注文すること。<u>「ご用命ください」</u>で、自分のところに注文をしてください、という言い方になります。「命」は、「申しつける」という意味があります。

答え　ご用**命**ください。

もっと語彙力

お手伝いさせてください。お申しつけください。

「仕事をください」の言い換えとして、「お手伝いさせてください」「お申しつけください」もあります。「申しつける」は、立場が上の者から下の者に対して言いつけることを指します。
例文：ぜひ我が社でお手伝いさせてください。

オファー

オファーは、申し込んだり提供したりすること。仕事の依頼があったときに「仕事のオファーを受けた」などと使われています。
例文：オファーをお待ちしております。

29

大人の語彙にどれだけ言い換えられますか?

超

　何事にも「チョー」とつける人がいますが、かしこまった席では大人にふさわしい表現ができるといいでしょう。

　たとえば、**「並外れた」**は、普通(＝並)の度合いや程度から極端に外れていること。そのくらい能力などがはなはだしいことを示し、「彼女は並外れた計算能力を持っている」などと使います。

　また、「数の位の桁」が違う**「桁外れ」**は、基準が標準とはるかに食い違っている様を表します。似た言葉の**「桁違い」**は比較するものとの程度や規模の差が著しいことを指します。

　たくさんの語彙がありますので、下に列挙します。

【解答例】

法外、滅法、段違い、圧倒的、断然、とびきり、度外れ、過度、極度、ハイレベル、スーパー、滅茶苦茶、無闇、むやみやたら、やたら、べらぼうに、無性に、底抜けに、途方もない、とてつもない、突拍子もない、最高、高級、無性に、圧巻、舌を巻く、度肝を抜く など

・非難するニュアンスを含むこともある言葉

とんでもない、とんだ、もってのほか など

・ふさわしい程度を超えているとき

過分、大それた(謙遜するとき。「身の程知らず」など非難するときにも使います)、分外 など

・英語で信じられない、素晴らしいなどの言葉

マーベラス、ファンタスティック、ワンダフル、アメイジング、エクセレント、サプライジング、アンビリーバブル、インクレディブル など

もっと語彙力

鶏群の一鶴

ニワトリの中に一羽鶴が交じっていることから、たくさんの普通の人の中に一人いる優れた人、という意味です。反対語は、「どんぐりの背比べ」です。
例文：彼は、多くの生徒の中でも鶏群の一鶴と言えた。

霄壌の差

「雲泥の差」という言葉をご存じの方は多いでしょう。では、「霄壌」はいかがでしょうか。「霄」は天、「壌」は地のことで、**天地の隔たりほど違いがある**ことから、比較できないほどの差を指します。

輪をかける

輪郭を一回り大きくする、ということから、一層程度がはなはだしいことを指します。さらに強調すると「**輪に輪をかける**」などとも言います。
例文：彼女は、その母親に輪に輪をかけた心配性だ。

強調

第3章

その言葉、正しく使えていますか？

どちらを使うのが正しい?

お客様の機嫌を損ねてしまった。□を講じなければならない。

A 善後策(ぜんごさく)　　**B** 次善の策(じぜんのさく)

「**善後**」は、後のためによいように計ることという意味があり、「**善後策**」は、うまく後始末をつけるための方策のことです。後々になって、しこりを残さないような後始末としての意味合いがあります。何かこちらに不都合な状況が生じていて、リカバリーしなければならないときに使うわけですね。

ちなみに「前後策」と表記するのは間違いです。

これに対して、「**次善の策**」は、**最善ではないけれど、それに次いでよい策**のこと。何らかの理由で最善の策が選べないときに、やむをえず選択する二番目の策という意味で使います。

「計画を断念せざるを得ないため、次善の策を選びました」などと使います。

答え **A**

「善後策」の類語

後始末

　<u>物事が済んだ後の処置</u>。後片付けの意味もあります。会場の片付けなどに言及するときは「跡始末」と表記することもあります。
例文：事件の後始末に追われる。

弥縫策（びほうさく）

　失敗・欠点などを一時的に取り繕う策のこと。
例文：こんな弥縫策では、将来的にうまくいかない。

収拾（しゅうしゅう）

　<u>混乱した状況をまとめる</u>こと。
例文：事態の収拾をはかる。

「次善の策」の類語

Bプラン

　Aプランに次ぐ<u>二番目のプラン</u>という意味。プランBとも言います。
例文：これがうまくいかなかったときは、プランBで進めよう。

どちらを使うのが正しい？

Aさんはアメリカ出張から帰国した ◻︎ にベトナムに出張した。

A 来週　　**B** 翌週

「来週」も「翌週」も次の週という意味ですが、明確な使い分けがあります。

「来週」は、今の次の週のこと。たとえば、「来週またお会いしましょう」「来週も参加いたします」と言うときの「来週」は、**今を基準にした次の週**という意味で使われています。これに対して、**「翌週」**は、基準となる週の次の週を指します。「大量注文を受けた翌週」「大会の日の翌週」などのように、**基準となっている週は、必ずしも「今」ではありません。**

問題文では、過去の出来事を基準にして、その「次の週」に言及していますから、「翌週」を使うのが適切です。

答え **B**

> もっと語彙力 ✏️

次週

　週単位で行なわれていることについて、**今の週の次の週**を指すときに使います。「次週はお休みです」などと言います。
例文：次週の講義にはゲストの先生がいらっしゃいます。

明(あ)くる

　「過去のある時点から見て次の」という意味です。次の日の場合は、「明くる日」です。
例文：明くる日から受験勉強に取りかかった。

明後日(あさって・みょうごにち)　しあさって　やのあさって

　明日の次の日を**「明後日(あさって)」**と言います。あらたまった言い方が**「明後日(みょうごにち)」**です。

　明後日以降の日のことを指す言葉には**「しあさって」「やのあさって」**があります。漢字で、「しあさって」は「明明後日」、「やのあさって」は「弥の明後日」と書きます。東日本ではあさっての翌日が「やのあさって」ですが、西日本と東京では「しあさって」と呼ぶことが多いです。東京での「やのあさって」は、しあさっての次の日です。西日本では、その日を**「五明後日(ごあさって)」**と呼ぶところもあるという説があります。

- 西日本　今日　明日　明後日　しあさって　　五明後日(一部)
- 東京　　今日　明日　明後日　しあさって　　やのあさって
- 東日本　今日　明日　明後日　やのあさって　しあさって

※一説による。地域によって違いがあります

3　その言葉、正しく使えていますか？

32 どちらを使うのが正しい?

あのプロデューサーが◯◯した映画が公開された。

A 制作　　B 製作

「**制作**」は、絵画や彫刻などの**芸術作品、あるいは映画、演劇、放送番組などを作り上げること**。これに対して「**製作**」は、**道具や機械などを使って型通りの物を作ること**。

「制作」と「製作」には、もともと明確な使い分けの区別はありませんでした。夏目漱石の『草枕』には「彼等の見たる物象観が明瞭に筆端に迸（ほとばし）って居らねば、画を製作したとは云はぬ」とあります。ここでは絵画についても、「製作」を使っていますね。

しかし、近年になって文芸作品や芸術作品を作るときには「制作」を使う傾向が現れるようになりました。

答え **A**

もっと語彙力

作成・作製

「**作成**」は、**書類や計画**などを作り上げること。「**作製**」は、機械や道具を使って物を作ること。**製作と同じような意味**の言葉です。
例文：契約書を作成する。模型の作製。

製造

原料を加工して製品にすること。主に**工場で大量生産する場合**に使われます。
例文：家具を製造する。

創造

新しいものを初めて作り出すこと。「創造主」など、神が宇宙、万物を作ること、という意味でも使われます『慶応再版英和対訳辞書』(1867)に初めて記載された言葉です。スマイルズの『自助論』を翻訳した『西国立志編』(1871)には「白爾(べる)は、蒸気船を創造せし人なり」とあります。
例文：新しい文化の創造。

生成

物が生じること、生じさせること。作り出すこと。
例文：タンパク質を生成する。

プロデュース

映画・演劇・テレビやラジオの番組や、催し物などを企画・制作すること。
例文：演歌歌手をプロデュースする。

どちらを使うのが正しい?

先輩の助言を◻︎にした結果、大失敗した。

A　おざなり　　B　なおざり

　なおざりにする?　おざなりにする?　……似たような語感ということもあり、両者を混同している人も多そうです。

　「なおざり」は、物事に深く注意を払わずに、**いい加減にしておく**という意味。古くは『源氏物語』に登場し、男性の女性に対する行動への評価として記述されています。

　一方、**「おざなり」**は、**その場逃れのためにいい加減に物事をする**様子、うわべだけで誠意のない様子を表します。「おざなりの対応をしている」などと使います。「御座なり」と書くように、お座敷などでその場だけの間に合わせにするところから生まれた言葉です。

答え **B**

> 「なおざり」の類語

ゆるがせ

　「忽(いるかせ)」という語が室町時代に入って「ゆるかせ」となり、「ゆるがせ」になったという説があります。「忽」という漢字は「心」と「勿れ」が組み合わされていますが、**「心の中に何もない」**という意味があります。そこから、物事をおろそかにすること、いい加減にする様を表します。**「一言一句もゆるがせにしない」などと否定語をともなって使われる**ことがよくあります。
例文：その問題はゆるがせにできない。

> 「おざなり」の類語

場当たり

　刑事ドラマなどで「場当たり的な犯行だ」などというセリフを聞くことがありますね。「場当たり」は、その場の思いつきで物事を行なうこと。特に計画もなく、思いつきで行なってしまったというニュアンスがあります。
例文：場当たり的な対応では後で困るよ。

どちらを使うのが正しい？

会社を ▭ って転職することにしました。

A　見限って　　B　見くびって

　ここでは「将来のことを考えて、今の会社には将来の**見込みがない**と思い、これ以上居続けるのをやめた」という意味の言葉が入ります。

　答えは**「見限る」**です。なお、「見限り」という名詞は料理屋の女将さんなどが、しばらく来店していないお客さんに対して「○○さん、最近、すっかりお見限りね」などと使うことがあります。「見限っている」と指摘しつつも、来店してほしいと訴えかけているわけですね。

　これに対して**「見くびる」は、軽く見る、見下す**という意味の言葉です。「相手を新人だと思って見くびる」などと使います。ところで見くびるの「くびる」は、「縊る」と書きます。「縊る」は、人の首を絞めて殺すことという意味で、「**縊殺**（人を絞め殺す）」「**縊死**（首吊り死）」という言葉もあります。

答え **A**

「見限る」の類語

見切る

見込みがないと判断して、あきらめること。 お店などで値段を安くするという意味もあり、**「見切り品」** という表示を見かけることがあります。また、最後まで様子を見届けるという意味もあります。
例文：彼氏を見切って別れた。

ネグレクト

無視すること。業務を放棄すること。特に子の養育を放棄することについても使われます。
例文：ネグレクトされた子どもの面倒をみる。

「見くびる」の類語

高（たか）を括（くく）る

高（たか）が知れていると見くびったり、大したことはないと侮ったりすること。
例文：どうせ簡単に終わるだろうと高を括っていたら、思いのほか時間がかかった。

35

どちらを使うのが正しい？

父の兄にあたるおじさんは？

A **伯父さん**　　B　**叔父さん**

　父・母の兄弟、または、おばの夫にあたる人を「おじさん」と言うのはわかっている。けれども、漢字で書くときに「伯父さん」と「叔父さん」の使い分けがわからなくなることはないでしょうか。

　父母の**兄**、父母の**姉の夫**は**「伯父」**、父母の**弟**、父母の**妹の夫**は**「叔父」**と書きます。なお、血縁関係のない「おじさん」は**「小父さん」**と書きます。

　「おばさん」も同様に、父母の姉、父母の兄の妻は**「伯母」**、父母の妹、父母の弟の妻は**「叔母」**、血縁関係のない「おばさん」は**「小母さん」**のように書き分けます。

答え **A**

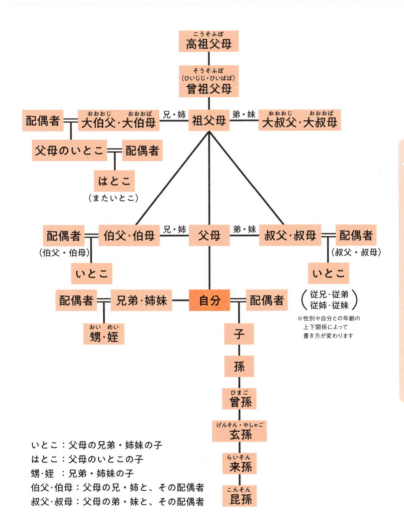

いとこ：父母の兄弟・姉妹の子
はとこ：父母のいとこの子
甥・姪 ：兄弟・姉妹の子
伯父・伯母：父母の兄・姉と、その配偶者
叔父・叔母：父母の弟・妹と、その配偶者

どちらを使うのが正しい？

会議の参加者たちは、その問題について□□□□の議論をしていた。

A　喧々囂々(けんけんごうごう)　　B　侃々諤々(かんかんがくがく)

　お互いに正しいと思うことを堂々と主張しながら議論することを「侃々諤々」と言います。「侃」は、「いつまでも正しい」という意味の漢字で、「侃々」は信念を曲げないこと。「諤々」はありのままを直言する様子を意味します。

　一方、たくさんの人が、がやがやとやかましくしゃべることを「喧々囂々」と言います。「大臣の発言に喧々囂々たる非難の声が上がった」などと使います。

　「喧々」も「囂々」も「声がやかましい」という意味ですので、二つ合わさってやかましさも二倍といったところでしょうか。ちなみに、「囂」の中にある「頁」は「頭」で、頭から熱気が出るほど騒ぐ、という意味を表します。

　「侃々諤々」と「喧々囂々」は、語感が似ているためか、混同されやすいですが、別の意味です。また、喧々囂々と侃々諤々を合わせて「喧々諤々（けんけんがくがく）」と間違った言葉を口にしてしまう人もいるので要注意です。

答え　**B**

「侃々諤々」の類語

直言
ちょく げん

　遠慮せずに思っていることをはっきり言うことです。反対語は**「曲言」**。遠回しに言うことですね。**「直言極諫」**という四字熟語もあり、「思っていることを遠慮せずに言い、厳しく諫める」という意味です。
例文：社長に直言する。

「喧々囂々」の類語

てんやわんや

　「それぞれが勝手に」という意味の「てんでん」と、「むちゃくちゃ」という意味の「わや」「わやく」が結びついた言葉です。**混乱して収拾がつかなくなるような騒ぎ**を表現します。
例文：てんやわんやの大騒ぎです。

かまびすしい

　「喧しい」「囂しい」という字からもわかるように、**やかましく騒がしい**ことを示します。少し古風な表現です。鎌倉時代に鴨長明が著した随筆『方丈記』(1212) に「波の音、常にかまびすしく、しほ風ことにはげし」（波の音が騒がしく、潮風もとりわけ強い）とあります。今読んでも、情景がよく伝わる描写ですね。
例文：鳥の声がかまびすしい。

37 どちらを使うのが正しい?

あの人は ___ に陥っているようだ。

A 夜郎自大　　**B 野郎自大**

「夜郎自大(やろうじだい)」は、自分の力を知らずに威張ること。かつて、中国西南の民族である「夜郎」が、漢の強大な力を知らずに自分の勢力を誇示し、漢の使者に対して夜郎と漢の大小を尋ねたという故事に由来する四字熟語です。「自大」は尊大に構えること、自分から誇り高ぶることの意味です。

日本のジャーナリスト、思想家であり、第二次大戦後に公職追放となった徳富蘇峰(とくとみそほう)は『敗戦学校』の中で「日本は世界の田舎者であり、世間知らずであって、勝手放題の一人よがりとなったのである。所謂(いわゆる)中国人が云う夜郎自大の類である」と書き残しています。

夜郎を「野郎」と書くのは誤りです。

答え **A**

空威張り

実力がないのに、**うわべだけ偉そうにして威張ること**。内容がないにもかかわらず表面だけ偉そうだというイメージが伝わります。
例文：弱いのに空威張りをするクセがある。

虚勢を張る

外見だけは強いふりをすること。自分の弱点を隠そうとして、逆に強気に振る舞う様子を示す言葉です。空威張りをする、とほぼ同じ意味で使われます。
例文：虚勢を張ってばかりで、何もしない。

大尽風を吹かす

時代劇などで「お大尽」という言葉が出てくることがありますが、**「大金持ち」**という意味です。「大尽風を吹かす」で大金持ちらしく威張ること、もしくは大金持ちのように見せかけることを指します。
例文：高級店で大尽風を吹かしていた。

どちらを使うのが正しい？

社長が◯◯◯◯で進めた企画が失敗した。

A　独断専行　　B　独断先行

　自分の判断で何事も決めて、勝手に行動してしまう人、**独断で勝手に事を行なうこと**を表す四字熟語が「独断専行（どくだんせんこう）」。「独断」が自分一人の考えで決断することで、「専行」が自分の判断で勝手に行なうことです。勝手に決断して行動している人を批判する文脈で使われるケースが多いです。

　「先に行く」というイメージに引っ張られて、専行を「先行」と書くのは間違いです。

答え **A**

もっと語彙力

横暴（おうぼう）

わがままで乱暴な振る舞いをすること。**人が困っているにもかかわらず、乱暴な振る舞いをしているという意味合い**が強い言葉です。平安時代から、同音の類語である「横妨」や「押妨」が使われていた記録があり、それらの行為が乱暴をイメージさせることから「横暴」と書かれるようになったと推測されています。
例文：横暴な振る舞いを許すな。

専横（せんおう）　【文語】

他の人の意向を無視してわがままに振る舞うこと。
例文：専横な君主。

横行闊歩（おうこうかっぽ）

思うままに大手を振って歩くことから、遠慮せず勝手気ままに振る舞うことを意味する四字熟語です。これをさらに強調する言葉として**「横行跋扈（おうこうばっこ）」**といった言葉もあります。
例文：我が物顔に横行闊歩する。

セルフィッシュ

英語で selfish。わがまま、利己的という意味です。

どちらを使うのが正しい？

自分のミスを□するなんて、ひどい。

A　責任転化　　B　責任転嫁

　当然しなければいけないことを**他人になすりつけること**を「責任転嫁(せきにんてんか)」と言います。「責任」は、引き受けてしなければならない任務。「転嫁」は自分のミスや責任を他人になすりつけること。「嫁」という字に、「なすりつける」という意味もあります。

　「責任転化」と書くのは間違いです。「転化」は、ある状態が別の状態に移り変わることで、責任をなすりつけるという意味はありません。

答え **B**

もっと語彙力

正当化

　自分の言動などが**正しく理にかなっているように見せること。**
例文：自分の行為を正当化していますね。

弁明

自らの立場や事情を明らかにするために説明をすること。
例文：政府の弁明は納得できるものではなかった。

釈明

相手の誤解や非難に対して、説明して理解を求めること。
例文：事情についての釈明を行なう。

弁解

失敗や過失について、**それはやむをえなかったとして**自分を正当化する説明。話し言葉の「言い訳」と似た言葉です。
例文：弁解の余地もございません。

エクスキューズ

弁解。正当化する根拠のこと。「言い訳なのですが」と言わずに「エクスキューズしておきます」と言う人もいますね。運用上の制約を定める「制約事項」という意味もあります。
例文：この点については、エクスキューズをさせていただきたいのですが。

40

どちらを使うのが正しい?

敵に包囲されて☐

A 蟻の這い出る隙もない。
B 蟻の這い入る隙もない。

脱出するための少しの隙間もないくらい警戒が厳重であることのたとえを「蟻の這い出る隙もない」と言います。

小さな蟻が逃げ出る穴すらない状態ですから、警備が厳重であることが伝わってくる表現です。

あくまで、ある空間の中から外に逃げ出る隙間もないという意味であるため「蟻の這い入る隙もない」という表現は誤用です。

また、「つまっていて隙間がない」という意味で「蟻の這い出る隙もない緻密なスケジュール」などと使うのも間違っています。

答え **A**

蟻の這い出る隙もない!

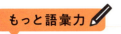

水も漏らさぬ

<u>少しの隙間もなく敵を取り囲むこと。</u>警戒が非常に厳重な様子を意味します。
例文：水も漏らさぬ警戒網。

退路を断つ

<u>退却する道、逃げ道をなくすこと。</u>
例文：退路を断って受験勉強に励む。

袋小路に入り込む

「袋小路」は行き止まって通り抜けることができない小路のこと。そこから、**物事が行き詰まった状態**を表すようになりました。袋小路に入り込んだら抜け出せなくなるというわけです。
例文：プロジェクトが袋小路に入り込む。

鉄壁

鉄を張った壁。そこから転じて、非常に堅い守りを意味するようになりました。
例文：鉄壁の守備で観客を魅了する。

どちらを使うのが正しい？

彼の場違いな発言に、参加者がみな◻︎◻︎◻︎。

A　鼻白（はなじろ）んだ
B　顰蹙（ひんしゅく）を買った

　興ざめた顔をすること、気後れした顔をすることを**「鼻白む」**と言います。興ざめした顔をするという意味では、「あまりの場違いな自慢話に鼻白んだ」などと使います。

　一方、気後れした顔をするという意味では、『源氏物語』の「花宴」に「さての人々は皆臆しがちにはなじろめる多かり」という記述があります。

　「顰蹙」は不快を感じて眉をひそめること。「顰蹙を買う」で、周囲の人に不快に思われるようなことをして嫌われることを指します。

　この問題は、「参加者」が主語になっていますので、「鼻白んだ」が正解です。

答え **A**

興ざめする

　興がさめること、おもしろくなくなること。**せっかく盛り上がったのに気がそがれた**というニュアンスの言葉です。
例文：祝いの席でこんな話を聞いて興ざめした。

無味乾燥

　「無味」は味わいがないこと。「乾燥」はうるおいがないこと。そこから、味わいもうるおいもなくておもしろみがない様を指します。
例文：無味乾燥な文章だった。

砂を噛むような

　砂を噛んでも味がないように、味気なくつまらない様を指します。時々「砂を噛むような苦しさ」などと「つらい」ことを表現するのに使われているのも見かけますが、それは間違いです。
例文：砂を噛むような味気ない食事だった。

散文的

　「散文」は、自由に書く文章のこと。漢詩や和歌・俳句などの「韻文」と対比して使われます。そこから、詩情に乏しく趣きがない様などを指すようになりました。
例文：散文的な風景で、趣きがない。

どちらを使うのが正しい?

あまりに馬鹿にされて☐

A 怒り心頭に発する。
B 怒り心頭に達する。

激しく怒ることを表す慣用句に「怒り心頭に発する」があります。「心頭」は心、「発する」は外に現れ出るということ。**「怒りが心にとどめられなくなる」**という状況を指しています。

心頭を「頭」ととらえ、「怒りが頭のてっぺんにまで到達する」というニュアンスで「怒り心頭に達する」と表現するのは誤りです。

答え **A**

> もっと語彙力 ✏️

激怒(げきど)

激しく怒ること。「憤怒(ふんぬ)」もほぼ同じ意味の言葉です。
例文:なげやりな態度に激怒する。

激昂(げきこう)(激高)

怒って激しく興奮すること。怒りを表す言葉の中でも、「興奮している状態」に注目する言葉です。
例文:激昂して机を何度も叩(たた)いた。

アンガーマネジメント

怒りを管理したり制御したりするための心理療法のこと。
例文:アンガーマネジメントの講習を受ける。

フラストレーション

欲求が妨げられるような状態。抑うつ・不安などの感情から攻撃的な行動が生じることもあります。欲求不満と似た意味です。
例文:仕事が思うようにいかず、フラストレーションがたまる。

3 その言葉、正しく使えていますか?

どちらの使い方が正しい?

A 私の話が彼の琴線(きんせん)に触れたのか、怒り出した。

B コンサートの演奏が琴線に触れた。

「琴線」は琴やバイオリンなどの糸のこと。物事に感動する心を琴の糸にたとえ、**感動したり興味を覚えたりする人の心情を表す**ようになりました。「琴線に触れる」で、感動することを意味します。

「琴線」は感動する心を指しますので、「彼の琴線に触れたのか、怒り出した」などと、相手が不快を感じる話には使いません。使うなら「**忌諱(きい)に触れる**」「**逆鱗(げきりん)に触れる**」「**逆なで(さかなで)**」などでしょう。

また、「**地雷を踏む**」という表現もあります。「地雷」は地中に埋め、これに触れた兵士や戦車を殺傷・破壊する爆薬のこと。「地雷を踏む」で、人を怒らせることを比喩的に表します。

答え **B**

もっと語彙力

忌諱

忌み嫌うこと、はばかることを指します。本来は「きき」と読みましたが、今は慣用的に「きい」と読むことが多いです。「忌諱に触れる」で、**特に、目上の相手の触れられたくない話をしてしまい、機嫌を損ねること**を言います。
例文:目上の人の忌諱に触れて、「二度と来るな」と言われた。

逆鱗に触れる

「逆鱗」は、『韓非子』の中の故事が由来です。龍ののどに逆さに生えたうろこがあって、それに触れると怒ってその人を殺すという話から、天子が怒ることを指しました（龍は天子をたとえています）。「逆鱗に触れる」で、今は、**目上の人の怒りを買うこと**を意味しています。
例文：先生の逆鱗に触れた。

逆なで

生えている方向とは逆に毛をなでると不快に感じます。そこから、相手の気に障ることをわざとする、という意味です。
例文：怒りを逆なでするようなことを言うな。

ご法度

一般に禁じられていること。「法度」は、武家時代に法令として出された禁止事項を指します。
例文：その話は今はご法度だ。

どちらの使い方が正しい？

A 目標達成のために部長が
みんなに檄(げき)を飛ばしている。

B 檄を飛ばして
反戦運動を広めている。

「檄を飛ばす」の「檄」は、自分の主張について、多くの人に賛同などを促す文書のこと。古代中国では、役所が人を呼び集めるために記した木札のことを言いました。したがって、**「檄を飛ばす」は、決起や同意を促すために、自分の主張を広く人々に知らせる**というのが本来の意味です。

Aにあげた使い方は広まっていますが、誤用です。Aの意味で使うなら、**「叱咤激励(しったげきれい)」**（大声で励まして、気持ちを奮い立たせること）が適切でしょう。ちなみに「檄を飛ばす」を**「激を飛ばす」と書くのは間違い**です。

答え **B**

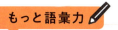

鼓舞激励(こぶげきれい)

「鼓舞」は元気づけることで、「激励」は励まして奮い立たせること。こちらも**相手を元気づける**意味があります。
例文：監督が僕を鼓舞激励してくれた。

切切偲偲(せつせつしし)

事細かく善を勧め励ますこと。「切切」は丁寧に努めること、「偲偲」は善行を勧め励ますことを意味します。『論語』に「盟友には切切偲偲、兄弟には怡怡如(いいじょ)たり」という言葉があります。「友人とは誠意をもって励まし合い、兄弟には和やかに接する」という意味です。

エンパワーメント

力をつけさせること。特に組織の中で上に立つ人が下の人に権限委譲(けんげんいじょう)をすることで、相手のやる気を引き出そうとするもの。もともとは女性の権利獲得運動の中で使われるようになった言葉です。

発破(はっぱ)を掛ける

強い言葉で励ます、気合いを掛けること。「発破」は、土木工事などで岩石等を爆破するための爆薬のこと。これを仕掛けることにたとえて、叱咤激励することを意味します。
例文：元気のない選手に発破を掛ける。

両方の区別を日本語で言えますか？

A　クラウド上にデータを保存します。

B　クラウドファンディングを利用して映画を制作する予定です。

Aの「クラウド」は、ネットワークを雲（cloud）に見立てて使われるようになった言葉です。「クラウドサービス」は、コンピュータによるデータ処理を、ネットワーク上のサーバーによってすべて行なう形式のサービスで、Gmail、Googleマップ、Dropboxなどのサービスが有名です。

一方、「クラウドファンディング（crowd funding）」は、インターネットを通じて、資金を不特定多数の人から集めること。そのためのインターネットの仲介サービスなども指します。

クラウド（crowd　群衆）とファンド（funding　資金調達）を組み合わせた言葉で、雲のクラウドではないことに注意してください。

また、「クラウド」と「ソーシング（業務委託）」を組み合わせて、不特定多数の個人に仕事を依頼する「クラウドソーシング」という仕組みも生まれています。

答え　**A：雲　　B：群衆**

46

どちらの使い方が正しい?

A 爆買いなど**インバウンド**消費が活発化している。ビジネスチャンスだ。

B 国内需要の喚起のために**インバウンド**戦略を立てる必要がある。

「**インバウンド**（inbound）」とは、外国人が海外から訪れてくる旅行のこと。逆に自分の国から外国へ出かける海外旅行を「**アウトバウンド**（outbound）」と言います。

訪日外国人旅行者数は、2016年に2400万人を超え（日本政府観光局）、日本人海外旅行者数を上回りました。中国人観光客が日本のデパートや家電量販店でたくさん買い物をする様子を表した**「爆買い」**が流行語にもなり、インバウンド消費の盛り上がりが注目されました。

なお、顧客データベースに基づいて広告を使って製品を提供するダイレクトマーケティングでは、企業が顧客に電話などでアプローチするのを**アウトバウンド**、顧客から企業に電話などをしてくるのを**インバウンド**と言います。インバウンドは顧客からの働きかけですから、ビジネスが成立する可能性が高く、ポジティブな文脈で使われることが多いです。

答え **A**

どちらの使い方が正しい?

A A君とB さんがトレードオフで配置換えになった。

B 時間とお金はトレードオフの関係にある。

「トレードオフ（trade-off）」は、同時には成立しない二律背反の関係。たとえば、完全雇用を実現すれば物価が上がり、物価上昇を抑えようとすれば失業率が増す、というものです。経済学者であるP・AサミュエルソンとR・Mソローは、上記の二つの対応関係を示した「フィリップス曲線」を「トレードオフ曲線」と呼びました。

これは経済学の用語ですが、経済政策を立案するときには、こうしたトレードオフのジレンマにしばしば直面します。福祉政策を手厚くすれば、増税は避けられず納税者の負担は高まります。一方、減税を推し進めると、今度は福祉が疎かになります。ジレンマの中で落としどころを見つけていくのが政治家の仕事でもあるのです。

答え **B**

二律背反(にりつはいはん)

　<u>二つの判断が相互に対立・矛盾して両立しないこと。</u>「二律」は、二つの原理、「背反」は背きあって両立しないことを指します。

　哲学では矛盾する二つの命題が同等の妥当性をもって主張されること。たとえば、ドイツの哲学者であるカントの「世界は時間的に始めがあり、空間的に限定される」「世界は時間的・空間的に無限である」という二つの命題が有名です。カタカナ語では<u>「アンチノミー」</u>です。

パラドックス

　<u>一見成り立つように見える表現が、矛盾した内容を含んでいて論理的に成り立たないこと。</u>有名なところでエピメニデスのパラドックスがあります。「クレタ人はみなうそつきであるとあるクレタ人は言った」と言ったときに、「クレタ人はみなうそつきである」が正しければ、そのクレタ人はうそを言ったことになりますが、それがうそならば、今度はそのクレタ人は正しいことを言ったことになり、この文自体が成立しなくなってしまいます。

その治療法の_____を教えてください。

A　コンセンサス
B　エビデンス

「エビデンス（evidence）」は、証拠、根拠、証明、検証結果のこと。ラテン語の evidentia（明らかであること）が語源です。

医学では、その治療法が選択されることの科学的な根拠、臨床的な裏付けを意味します。エビデンスに基づく薬や治療法は「エビデンス・ベースト・メディシン（evidence based medicine）」と言います。これは、1991年にカナダのマクマスター大学のゴードン・ガイアット教授が提唱し、医療界で広く使われるようになりました。

ビジネスの場でも「証拠」「根拠」といった意味合いで使われることが多く、

「打ち合わせの内容のエビデンスをとっておいて」

などと使います。

「コンセンサス」は、「合意する」という意味です。ビジネスでも、相手の同意が得られているかを確認するときに「コンセンサスはとれているの？」などと使います。医療現場で「インフォームドコンセント」と言えば、医師が、患者に治療法などを説明し、患者の同意を得て、医療の内容を決めていくことです。

答え **B**

もっと語彙力

証拠・証左・言質

　事実を証明するよりどころ、材料、証のこと。**「証左」** も同じ意味の言葉です。後に証拠となるような言葉を **「言質」** と言います。
例文：証拠を示してください。

裏付け

　事実であることを客観的に証明する、他の面からの証拠。
例文：発言の裏付けをとる。

根拠・論拠・原拠・典拠

　ある考えや言動のよりどころとなるもの。「合理的な根拠を示す」などと言います。特に議論や意見の根拠を **「論拠」**、主に学説や作品などのもとになったものを **「原拠」**、論文などの文献的な根拠を **「典拠」** と言います。
例文：その話は、根拠に乏しい。

セカンドオピニオン

　第二の意見。特に医療現場で、**主治医以外の医師から、治療法について意見をもらうこと**。治療についてよりよい判断をするために行なわれます。

春夏秋冬の順に並べてみましょう

A　晩涼(ばんりょう)
B　冴え返る(さえかえる)
C　桐一葉(きりひとは)
D　春隣(はるどなり)

「晩涼」は夕方の涼しさを表す夏の季語です。夏に涼しさを求める気持ちは古くからあるようで、夏は「涼」に関する言葉がたくさんあります。夜や朝の涼しさは「夜涼(やりょう)」「朝涼(あさすず)」、涼しい夜は「涼夜(りょうや)」、夏の宵や朝方に涼むことを「宵涼み(よいすずみ)」「夕涼(ゆうすず)」、涼しい感じは「涼味(りょうみ)」と表現します。また、夏の涼しい風のことは「涼風(りょうふう)」、秋の初めの涼しさは「新涼(しんりょう)」と言います。

「冴え返る」は、立春を過ぎて少し暖かさが感じられた頃に、寒さがぶり返すことで、春の季語です。ほかにも、光や音が澄んでいてはっきり感じられることを指します。「余寒(よかん)」と似た言葉です。

「桐一葉」は、桐の葉が1枚落ちるのを見て秋の訪れを知ること。衰亡の兆候を知るたとえとしても使われます。

「春隣」は、春がそこまで来ていることを指す冬の季語です。

答え　B 冴え返る→A 晩涼→C 桐一葉→D 春隣

もっと語彙力

遅日（ちじつ）

日がなかなか暮れない春の日を表す春の季語です。特に日暮れが遅くなることを示します。「**日長・日永**（ひなが・ひなが）」とほぼ同様の意味を持つ言葉です。「**春日遅々**（しゅんじつちち）」という言葉もあります。

風光る

うららかな春の日にやわらかな風が吹くと、**風景がまばゆく見えます**。その風景を指すのが「風光る」という**春の季語**です。「風薫る」は、緑の草木を渡って、その香りを運ぶように吹くさわやかな風のこと。**夏の季語**です。

長閑（のどか）

天気がよくて穏やかな様。**春の日のゆったりとした風景**を指す春の季語です。

雲の峰

夏に山の峰のようにそびえたっている**積乱雲**のことを指します。松尾芭蕉の『奥の細道』に「雲の峰幾つ崩れて月の山」という俳句があります。

3 その言葉、正しく使えていますか？

青嵐（あおあらし）

　青葉の頃に吹くやや強い風のこと。**さわやかなイメージ**があります。**夏の季語**です。

炎天（えんてん）

　「炎天下」という言葉もありますが、焼けつくような暑い真夏の空のことを言います。「炎天」のときの太陽のことは「炎帝」「炎日」という言い方もあります。また、脂汗が出るような暑さのことを「油照り」と言います。ともに夏を表す言葉です。

今朝の秋（けさのあき）

　立秋の日の朝のこと。立秋の前までと違い、朝夕などに秋の気配を感じるようになったことも表す言葉です。

星月夜（ほしづきよ）

　星の光が月のように明るく見える夜のこと。**空気の澄んだ秋の、特に新月の夜**のことです。

無月（むげつ）

　空が曇って月が見えないこと。特に**中秋の名月が見えないこと**を指します。同様の言葉に、「中秋無月（ちゅうしゅうむげつ）」「曇る名月（くもるめいげつ）」という言葉もあります。「曇る名月」は、曇っていながらも、空がぼんやり明るく名月の存在を感じさせる趣があります。

身にしむ

通常は「身にしむ」として、深い感銘を受けることを指しますが、季語では**秋の気配や冷気が体にしみいるように感じられること**を指します。「もののあわれ」を感じさせる言葉です。

虎落笛(もがりぶえ)

冬の強い風が柵や竹垣に吹き付けて起こる、**ヒューヒューといった笛のような音。**聞いているだけで寒々としてきます。「虎落」は、もともとは中国で虎を防ぐために組んだ柵のことでした。

鐘氷る(かねこおる)

真冬の寒い空気の中で、さえざえと聞こえる鐘の音を表します。冬の季語で、**「鐘冴ゆ(かねさゆ)」**という言葉もあります。

天狼(てんろう)

「天狼」は**おおいぬ座のシリウス**のこと。冬の空で青白く光る、最も明るい星です。その光を、中国では狼の目にたとえて、「天狼」と言いました。**「狼星」「青星」**などとも呼ばれます。

3 その言葉、正しく使えていますか?

「さげすんで笑う」という意味があるのはどの言葉?

A 笑う
B 嗤う
C 哄笑

「笑う」は、喜んだりおかしかったりして笑うこと。

「嗤う」はバカにして笑う、冷ややかにさげすんで笑うという意味があります。「愚策を嗤う」などと使います。

「哄笑」は、大口を開けて笑うこと。似た意味の表現として、あごが外れるほど笑うという意味の「頤を解く」という慣用句があります。「頤」は、下あごのことです。

「わらう」だけでも、様々な表現がありますね。

答え B

もっと語彙力

咲う

比喩として、つぼみが開くことや、果実が熟れて皮が裂けることを言います。

嘲笑（ちょうしょう）

あざ笑うこと。ばかにして笑うこと。「ばかにされて笑われる」という意味では**「物笑い」**という言葉もあります。
例文：嘲笑の的になる。

失笑

堪（こら）えきれず笑うこと。「失笑を買う」は愚かな言動で他人から笑われることです。
例文：思わず失笑する。

相好（そうごう）を崩（くず）す　〔文語〕

顔をほころばせて大いに笑う様子を言います。
例文：孫の話となると、祖父はいつも相好を崩す。

人が大声をあげて泣くことを意味するのはどれ？

A 泣く　　B 啼(な)く

C 鳴く　　D 哭(な)く

「泣く」「哭く」は人に用い、「鳴く」「啼く」は人以外の動物や虫、鳥などについて使います。

「哭く」は、普段は「慟哭(どうこく)」「痛哭(つうこく)」という熟語で使われ、大声をあげて泣くことを意味します。漢字の成り立ちとしては、犬に口が二つありますが、人の死を悲しんで声をあげて泣く様を示しています。犬は人の死に対していけにえとされたものです。

啼くの「帝」は、高い鳴き声の擬声語を示します。

答え D

もっと語彙力

むせぶ

漢字では「咽ぶ」と書きます。息をつまらせながら泣くこと。**「むせび泣く」**で声をつまらせながら、しゃくりあげるように激しく泣くことを指します。もともとは、煙などで呼吸がつまりそうになる「むせる」と同じ意味がありました。
例文：悲しみにむせび泣く。

目頭が熱くなる

感動して涙があふれそうになること。涙がにじむと、まず目頭が熱くなることから生まれた言葉です。
例文：ラストシーンでは目頭が熱くなった。

嘶く（いななく）

主に**馬**に用いられます。
例文：馬が嘶く。

囀る（さえずる）

小さめの鳥がなくことについて使われます。
例文：小鳥が囀る。

「程度」がより少ないのはどちら?

A 少し　　B わずか

いずれも数や程度が少ない様を表す言葉です。

「わずか」は、「わずか半年で合格した」など、普通よりも少ないことを強調するときにも使いますが、「少し」と比べるとより少ない程度を表す言葉とされます。

答え **B**

もっと語彙力

些少(さしょう)

わずかであること。金銭について謙遜の意味を込めて使われることも多いです。「瑣少」とも書きます。
例文:些少ですが、お納めください。

僅少(きんしょう)

ごくわずかなこと。些少と異なり、金銭だけでなく、数がわずかなことも言います。
例文:在庫僅少。

いささか

漢字では「些か」「聊か」と表記し、**質や量が少ないこと**を指します。「いささかの心配もない」などの使い方で「まったく不安はない」という意味になります。少し古い言葉です。
例文：目標としていた数字にはいささか足りない。

一抹（いちまつ）

もともとは**筆でさっとなすりつけた量**のこと。「一抹の不安」などという表現がありますが、心をかすめる程度の不安、ということです。
例文：その案件は一抹の不安がある。

ささやか

大げさではなくこぢんまりとしていること。「ささやかなものですが、」など、**謙遜するときに使う**ことが多いです。
例文：ささやかなお祝い。

一番短い時間を指すのはどの言葉？

A　しばらく
B　束の間
C　刹那(せつな)

「しばらく」は少しの間ですが、「しばらくぶりです」などある程度の時間が経過したことを示すこともあります。漢字では「暫く」と書きます。「暫」は、「日」を「斬る」で、切り取られた時間を示す漢字です。

「束の間」の「束」は、昔の長さの単位で、一束は手を握ったときの指4本分の長さを指しました。「束の間」は一束ほどの短い間ということで、ちょっとの間を指します。

「刹那」は、きわめて短い時間。仏教では時間の最小単位です。現在の単位に直すと0.013秒程度という説もありますから、本当に短い時間です。基本的には文章で使われることが多いです。

答え　C

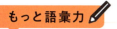 もっと語彙力

しばし

漢字では「暫し」と書き、**「少しの間」**を意味します。
例文：しばしお待ちください。

ひとしきり

ある動作がしばらく盛んに続くこと。「一頻り」と書きます。
例文：ひとしきり歓談した後に、司会からの挨拶があった。

須臾(しゅゆ)

わずかな時間を示す古風な表現です。もとは仏教の言葉で、**一昼夜の30分の1にあたる**という説もあります。天平20年の正倉院文書にもこの言葉が出てきます。なお、数では10^{-15}を表します。
例文：「須臾にして、うるはしき小童と化して」(『浮世草子』)

タイト

衣服などがきつく、ぴったりした様から、**スケジュールなどが過密な様子**を表すようになりました。
例文：スケジュールがタイトですが、ご検討ください。

最も遅い時間を差すのはどの言葉?

A 日暮れ

B 宵

C 日没

「**日暮れ**」は、日が暮れようとするときを表します。天文学では、日没後太陽の中心が地平線の下7度21分4秒の角度のときの時刻、と決められていますが、日が沈んであたり一面が暗くなる頃です。

「**日没**」は、**太陽が沈むこと**、またその時刻です。天文学的には、太陽の上の縁が地平線下に沈むことを言います。

「**宵**」は、日が暮れてからしばらくの間を指します。夜のはじめの時間帯です。日が暮れた頃に見える金星のことを「**宵の明星**」と言いますね。なお、古代では夜を「宵」「夜中」「暁(あかとき)」の三つに分けており、「宵」は今よりも長い時間を指していたとされます。『万葉集』では深夜の12時頃を指して「宵」という言葉が使われています。

答え **B**

夕暮れ

日が沈み、あたり一面が薄暗くなる頃。ほぼ「日暮れ」と同じです。

晩方

夕方の古風な表現です。日暮れ・夕暮れが日が暮れる状態を指すのに対し、その**時間帯**を指すことが多いです。

夕間暮れ

夕方の薄暗い頃の古風な言い方です。

初更(しょこう)

昔の時刻では一夜を五つに分けていましたが、その一つ目が初更です。**戌の刻で、今の午後7時頃から9時頃までが該当します。**

入相(いりあい)

太陽の沈む頃。日没に寺でつく鐘のことを「入相の鐘(かね)」と言います。『枕草子』『伊勢物語』にも使われている古くからの言葉です。

最も遅い時間を差すのはどの言葉?

A 白昼(はくちゅう)
B 昼前
C 昼下がり

「**白昼**」は**真昼**のこと。「白昼堂々と泥棒に入られた」などと使われます。

「**昼前**」は、正午より少し前、または午前中を指します。

「**昼下がり**」は、正午を過ぎた頃。午後1〜2時頃を主に指します。

ちなみに、「昼」は、日の出から日没までの太陽が空にある間を意味します。昼を使った言葉には、「**昼行灯**」(ひるあんどん)(昼にともす行灯が役に立たないことにたとえて、役に立たない人をあざけって言う言葉)、「**昼じまい**」(仕事を午前中に終えること)、「**昼席**」(ひるせき)(寄席の昼興行)といった言葉があります。

答え **C**

もっと語彙力

朝っぱら

朝食前の空腹を表す「朝腹」が変化した言葉で、**朝早い時刻**を指します。「朝っぱらから騒々しい」などと、**非難するとき**にもよく使われます。
例文：朝っぱらから何をやっているんだ！

未明（みめい）

夜がまだ明けきらない頃のこと。天気予報では、午前0時から午前3時頃までを言います。
例文：本日未明に出火しました。

かわたれどき（彼誰時）

薄暗く相手が誰か見分けがつかない時間帯のこと。「かわたれどき」が特に明け方に使われるのに対し、夕方は「たそかれどき」（「誰そ彼時」「黄昏時」）が使われることが多いです。明けの明星のことを「かわたれぼし」とも言います。

鶏鳴（けいめい）

一番鶏が鳴く明け方のこと。古くは、午前2時頃を指しました。

一番時間の長さが短いのはどの言葉？

A 半時(はんとき)
B 片時(かたとき)
C 一刻

時間を表す言葉には、古い日本の単位をもとにしたものもあります。

「半時」は、昔の時間の単位で、一時の半分。**現在の約1時間**にあたります。そこから、少しの間、わずかな時間を指すようになりました。

「片時」は、わずかな間、ちょっとの間のこと。今では「片時も忘れません」というように否定の言葉と一緒に使われます。こちらも本来は一時の半分で**1時間**です。

「一刻」は、「一刻を争う」という言い方がありますが、特に時間が大事とされる状況で、わずかの時間を表します。今の時間で言うと、30分です。

答え **C**

もっと語彙力

小半時(こはんとき)

半時の半分で**今の30分**です。現代の話し言葉では使われません。

寸時(すんじ)・寸刻(すんこく)・寸秒(すんびょう)

ごくわずかな時間のこと。「寸」は尺貫法の長さの単位。一尺の10分の1で約3センチです。**ごくわずかな時間**、という意味があります。
例文：寸時も無駄にせず勉強する。

寸陰(すんいん)

「一寸の光陰」ということから、**ほんのわずかな時間**を指します。
例文：「寸陰惜しむ人なし」(『徒然草』兼好法師)

春夏秋冬の順に並べてみましょう

- A 山笑う
- B 山眠る
- C 山粧（よそお）う
- D 山滴（したた）る

「**山笑う**」は春です。木の芽や新緑、花に包まれる明るい山を、朗らかに笑う人になぞらえて言います。北宋の山水画家・郭熙（かくき）の「春山淡冶（たんや）にして笑ふが如（ごと）く」という言葉によるものです。

「**山眠る**」は、草木が枯れて静まり返った山を、眠ると擬人化して表現する言葉です。「**眠る山**」とも言われます。同じく「冬山惨憺（さんたん）として眠るが如し」という言葉によるものです。

「**山粧う**」は、空気が澄んだ秋に紅葉で彩られた山を指して言います。「秋山明浄（めいじょう）にして粧ふが如く」です。

「**山滴る**」は、緑の木々に覆われ生命力があふれる夏の山です。郭熙の言葉では「夏山蒼翠（そうすい）として滴るが如く」です。

答え A 山笑う→**D** 山滴る→**C** 山粧う→**B** 山眠る

第4章

その漢字、正しく使えていますか?

どちらが正しい？

急場（きゅうば）□で対応しました。

A 鎬（しのぎ）　　**B** 凌（しの）ぎ

　商品の在庫がなくなり、あわてて他店舗まで走って取りにいき、どうにか調達する。このように、事態が差し迫っていて、間に合わせで何とかその場を切り抜けることを**「急場凌ぎ」**と言います。

　「急場」は、差し迫って、なんとかしなければいけない場面のこと。「凌ぎ」は、**難しいことを切り抜けること、耐えること**の意味です。

　「凌ぎ」と同音異字の「鎬」は刀の刃と峰との間に走っている、少し高くなった部分を指します。よく使うのは、**「鎬を削る」**という慣用句。鎬が互いにこすれて削れ落ちるようなことから、激しく争うことを示すようになりました。「急場鎬」と書くのは間違いです。

答え **B**

もっと語彙力

当座逃れ

その場を一時的に取り繕（つくろ）ってごまかすこと。
例文：当座逃れの借金が重なる。

急ごしらえ

間に合わせるために、**大急ぎでこしらえること**。「急いで作った」という意味合いの言葉です。
例文：急ごしらえのレポートを提出しました。

応急処置

緊急時に間に合わせで行なう処置や手当を意味します。「応急」は、急場に間に合わせること。「応急措置」とも言います。旧日本陸軍が歩兵の戦術をマニュアル化した「歩兵操典」を制定していますが、そこにも「適切なる協同と応急処置とに依り、遺憾なく戦闘を遂行し得る如く訓練すること」の記述があります。
例文：応急処置をお願いします。

エマージェンシー

緊急事態、非常事態を表します。**「エマージェンシーコール」**で、緊急連絡や緊急の呼び出しです。
例文：エマージェンシーランディング（緊急着陸）

4　その漢字、正しく使えていますか？

どちらが正しい?

彼は部長に選ばれる人物として◯◯◯だと思います。

A　適格　　　**B　的確**

「**適格**」は、必要な資格や条件を十分に備えていることを意味します。ある地位に選ばれるのにふさわしい資格がある、というとき「適格」という言葉を使い、「**彼は部長として適格な人物だ**」などと言います。

これに対して「**的確**」は、的を外れずに確かなことを表します。「的」+「確か」という字面からも意味がイメージできますね。「**的確な数字を提示する**」「**的確なアドバイスを与える**」などと言います。「的確」は「適確」と書くこともあります。

答え **A**

もっと語彙力

適任

その任務や仕事がその人に<u>ぴったり合っている</u>こと。
例文：君はリーダーとして適任だ。

最適

最も適していること。**「複数の中で最も適している」**というニュアンスの言葉です。ビジネスでもよく使われる**「最適化」**は、ある目的に対して最も適切になるよう計画・システム設計などをすること。最適化は、英語で**「オプティマイズ」**と言います。
例文：彼はこの仕事に最適な人物だ。

うってつけ（打って付け）

条件や目的にちょうど合っていること。釘で木と木を打ち付けたときのように、ぴったりと合っていることから生まれた言葉です。
例文：あなたは講師役としてうってつけだ。

どちらが正しい?

このロープを手放したら □ の終わりだ。

A 一巻　　　**B** 一貫

ドラマで「このプロジェクトが失敗したら、我が社は一巻の終わりだ」などといったセリフを聞くことがあります。

「一巻」とは、巻物や一巻きのフィルムのこと。「一巻の終わり」は、**物事の結末がついて、どうにもならなくなること**を意味します。

もともと、活動写真の弁士が、上映の終わりに決まって口にしていたことから使われるようになりました。

「一生の終わり」や「死」を指して使われることもあり、**悪い結末を迎えるときの言葉**です。したがって、普通に終わる場合、たとえば、「会議は一巻の終わりになった」とは言いません。

一方、「一貫」は、一筋に貫くこと。「一貫教育」「終始一貫」などと使われます。

「一貫の終わり」と表記するのは間違いです。

答え **A**

もっと語彙力

一環

「一環」は、鎖などつながっている輪のうちの1つを指します。そこから、全体としてのつながりの中の一部分、という意味を持ちます。
例文：新プロジェクトの一環として、この講座をはじめます。

万事休（ばんじきゅう）す

もはや何をしてもだめ、すべてが終わりであるということ。
例文：資金が底を尽きた。もはや万事休すだ。

掉尾（ちょうび）

物事や文章の最後に勢いが増すこと。もとは魚が尾を振るという意味でしたが、転じて物事の最後を指すようになりました。
例文：コンクールの掉尾を飾るのにふさわしい作品だった。

末路（まつろ）

「一生の終わり」という意味から転じて、衰えた末のことを表します。
例文：英雄の末路は悲惨なものだった。

61

どちらが正しい?

この改革は私が実現するとうそぶいた。

A 嘘ぶいた　B 嘯いた

「嘯く」には、「とぼけて知らないふりをすること」という意味と「偉そうに大きなことを言う」という意味があります。

前者では、「そんな約束は聞いていないとうそぶいた」などと使い、後者では「このチームで誰よりも仕事ができるとうそぶく」などと使います。

「嘯」は「口をすぼめて声を出す」という字です。とぼけるというニュアンスが「嘘をつく」に近いので、「嘘ぶく」と表記してしまいそうになりますが、間違いですので注意しましょう。

答え **B**

> もっと語彙力

空目(そらめ)を使う

　<u>見て見ぬふり</u>をすること。「空目」には、**「空耳」**と同様、見間違えたり、ありもしないことが見えたように思うこと、という意味もあります。
例文：あの人は、都合の悪い場面では空目を使う。

しらを切る

　<u>知らないふりをすること</u>。「しら（白）」は、「しらばくれる」などの「しら」で、「知らない」ことを意味するという説があります。
例文：「私はやっていない」としらを切る。

豪語する

　偉そうに大きなことを言うこと。
例文：彼は絶対に優勝すると豪語した。

大言壮語する

　<u>**偉ぶって、自分の実力以上に大きなことを言うこと**</u>。実現しそうもないのに、口ではできるように言うことを表します。「大言」は、大げさに言うことであり、「壮語」は強がって言う言葉のこと。
例文：大言壮語をはばからない。

4 その漢字、正しく使えていますか？

どちらが正しい？

▢ のボランティア活動では意味がない。

A　お仕着せ　　B　押し着せ

「上から与えられた、決まり切ったもの」を意味する言葉に**「お仕着せ」**があります。この言葉は、もともと江戸幕府が役人や囚人に衣服を支給すること、もしくは、商家の主人から奉公人に衣服を与えることを意味していました。

要するに、官製の制服やお店のユニフォームのようなものですね。そこから転じて、型通りのもの、習慣化していることという意味で使われるようになりました。また、<u>上から決められた通りに従う</u>というニュアンスでも使われます。

なお、「仕着せ」は、季節に応じて衣服を支給する「四季施」に由来するという説もあります。

答え **A**

もっと語彙力

型通り

決まっている方式にそのまま従うこと。
例文：型通りの挨拶。

紋切り型

　決まり切った形式、一定の型にはまったやり方で、新しさが感じられないこと。もとは、紋（模様）を切り抜くための型のことで、この型を使えば、同じ形の紋をたくさん作ることができるところから生まれた言葉です。
例文：紋切り型の発想ですね。

フィックス

　日程・仕様などを決めること。レストランのメニューにある「プリフィックス（prefix）」は、一定の決められた料理の中から、自分で好きなものを選んでコースを組み立てられる仕組みです。
例文：この仕様については、来週までにフィックスさせてください。

フォーミュラ

　公式。決まった方法などを指します。英語では、formula です。国際自動車連盟が定めるレース専用車両についても言い、「F1」は「フォーミュラ１(ワン)」の略です。

どちらが正しい?

先生の言葉をしっかり肝に◻︎ておきなさい。

A 命じ　　B 銘じ

　職場で上司が部下に注意するとき、もしくは先生が生徒に大事なことを話すとき、「このことをしっかり肝に銘じておきなさい」などと言うのを耳にしたことはないでしょうか。

　「肝に銘じる」は、**心にしっかり刻みつけること。**「肝に銘じる」「肝に銘ずる」のどちらも使います。

　「肝」は心を意味し、「銘ずる」は心に深く記して忘れないようにすることです。「心に刻む」ということなので、「肝に命ずる」は間違いです。

答え **B**

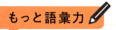

骨に刻む

　骨に刻み込むようにして、しっかり覚えておくこと。似た言葉に、「胸に刻む」「心に刻む」という言葉もあります。
例文：恩師の言葉を骨に刻みます。

座右の銘

　常に自分のそばに記しておいて、日常の戒めとする言葉のこと。「座右」とは「座席の右」から転じて、身近な場所を表すようになりました。
例文：あなたの座右の銘は何ですか。

銘酒

　銘柄のある上等のお酒のこと。「銘」は、**優れた、上等な**、という意味もあります。
例文：地元の銘酒。

4　その漢字、正しく使えていますか？

どちらが正しい?

海底ケーブルを□□する。

A 敷設（ふせつ）　　B 付設（ふせつ）

「敷設」「付設」は、設備や装置などを**広範囲にわたって設置する**ことです。道路、鉄道、海底ケーブルなどを設置するときは**「敷設」「布設」**を使います。

これに対して、何かの**建物に付属させて設けるのが「付設」**。「老人ホームに保育所を付設する」「病院に付設している薬局で薬の処方を受けました」などと使われます。

答え A

もっと語彙力

埋設（まいせつ）

地下に埋めて設備すること。「敷設」は地上・地下を問わずに使いますが、「埋設」は**地下のとき**にだけ使います。
例文：電信柱を埋設する。

既設

すでに敷設されていること。これからの場合は**「未設」**です。
例文：既設の線路を利用して電車を走らせる。

併設

一緒に設置すること。文章でよく使われます。
例文：書店に併設のカフェでお茶を飲む。

併置

並べて置くこと。**二つ以上のものを同じ場所に設置すること。**文章で使われることが多いです。
例文：商業科と工業科を併置する。

どちらが正しい?

年末年始はこの店にとって
一番の◻︎◻︎だ。

A 書き入れ時
B 掻き入れ時

　商店などで客からの注文が多くなり、儲けが非常に多くなる時期を指して**「書き入れ時」**と言います。「書き入れ」は、文字通り記入すること。儲けが多くて帳簿の記入が忙しいことを意味しています。

　手や足、爪などでかくようにして中に入れる「掻き入れる」も、お金が入ってくるイメージを連想させますが、間違いです。

答え A

もっと語彙力

繁忙期（はんぼうき）

用事が多くて忙しい時期、**特に客が多い時期**のこと。
例文：繁忙期に備えてアルバイトを増員する。

稼ぎ時

たくさん**収入が得られる**時期。
例文：遊園地は、ゴールデンウィークが稼ぎ時だ。

シーズンオフ

季節外れ、活動を休止する時期。
例文：シーズンオフで店は閑散としている。

ピーク

もとは山の頂を示しますが、そこから、**一番盛んな状態、最高潮、絶頂**などを表します。
例文：ピーク時のお客さんは1日1000人にものぼります。

66

どちらが正しい？

練習生の中でも彼女は□を放っていました。

A 異才 　　　**B** 異彩

　他とは違う、際だった特色、特別に優れた様を指す言葉が「異彩」です。**「異彩を放つ」**で特別優れて見える様子を表します。「他とは違った色彩」というのが本来的な意味ですので、「放つ」という動詞が使えます。

　これに対して、**「異才」は人並みでない優れた才能、またはそれを持つ人**のこと。似たようなニュアンスを持つ言葉ですが、「才能」や「人」を示します。**「偉才」**もほぼ同じ意味です。

　ちなみに、「異」という漢字は、「鬼やらい」（追儺。のちに節分の豆まきとして民間に広まりました）のためにお面をつけて、両手をあげている姿をかたどったとされます。お面をかぶると恐ろしい別人に変貌することから、「異なる」という意味が生まれました。

答え **B**

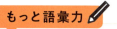

卓抜(たくばつ)

他より抜きん出て優れていること。
例文：それは卓抜なアイデアですね。

異能(いのう)

他の人にはない、特別な能力、才能。文章で使われることが多いです。
例文：驚くべき異能の持ち主だ。

俊英(しゅんえい)

能力や才能などが秀でている人。才知について使われることが多いです。似た意味の「英俊(えいしゅん)」という言葉もあります。
例文：我が校の俊英。

どちらが正しい?

会議では世界の科学者が □ に会した。

A 一堂　　　**B 一同**

　会議やセミナーなど、一つの場所に多くの人が同じ目的で集まったとき「参加者が一堂に会した」などと言います。**「一堂」は、同じ建物や同じ場所**といった意味です。

　同じ場所に集まるといっても、バラバラの目的で集まる場合、「一堂に会する」は使いません。「東京駅にはお正月を故郷で過ごそうとする帰省客が一堂に会しました」などは誤りです。

　一方、**「一同」**は、**「卒業生一同」**などと、その仲間全体という意味で使われます。

　ちなみに「堂」を使った慣用句に**「堂に入る」**があります。学術や技芸などに優れ、習熟していることを意味します。

答え **A**

> もっと語彙力

勢揃いする

　多くの人々が一箇所に集まること。もともとは「勢揃え」で、味方の軍勢を集め揃えるという意味の言葉でした。それが転じて、広く同じ目的で多くの人が集まるという意味で使われるようになりました。「人気のお酒が勢揃い」など、人以外のものが揃うときにも使われます。
例文：歴代のスターが勢揃いしたコンサート。

結集する

　多くのものを一つにまとめ集めるもの。「私たちの力を結集して、この事業を成功させよう」といったように、共通する目的のため、バラバラになっている人を集めてまとめる、というニュアンスがあります。
例文：総力を結集して事態を解決する。

顔を揃える

　主要なメンバーが全員出席すること。
例文：各国の首脳が顔を揃えた。

雁首を揃える

　雁首は、人の首や頭を指します。立場の悪い人が集まる場合に使います。
例文：雁首を揃えて謝罪の場に出向く。

68 どちらが正しい?

彼は人からどう言われても ☐ 。

A 意に介さない
B 意に解さない

上司から注意を受けて、ひどく落ち込んでしまう人もいれば、まったく気にする様子もなく、何事もなかったかのように過ごしている人もいます。

気にしない、気にかけないことを**「意に介さない」「意に介しない」**と言います。「介する」には心にとめておくという意味があります。「どんなに忠告を受けても意に介さないで自分のやり方を貫く」などと使います。

一方、「解する」は「理解する」という意味で使われます。

答え **A**

> **もっと語彙力**
>
> ### 会(かい)する
> 会合すること、会うことです。
> **例文：一堂に会して会議を行なう。**

「意に介さない」の類語

こともなげ

何事もないかのように平気にしている様子。「『不安などない』とこともなげに言う」などと使います。「こと」は問題となる事柄を意味し、「なげ」は「無い」ということを表します。
例文：こともなげにトラブルを解決した。

泰然
たい　ぜん

落ち着いて動揺しない様。文章語です。ゆったりと落ち着いて動じない様を表す**「泰然自若」**という言葉もありますね。
例文：非常時にも泰然と構えている。

平然

平気で落ち着いている様子。物事に動じない様子のこと。「泰然」と比べると、より**「平気で」というニュアンスが感じられます。**
例文：クレームを受けても平然としている。

痛くもかゆくもない

少しも苦痛を感じないこと、まったく影響を受けないこと。**「痛痒を感じない」**という慣用句もあります。
例文：何を言われても痛くもかゆくもない。

どちらが正しい?

市長選は泥□□□の様相を呈した。

A　仕合　　　B　試合

　選挙などにありがちなのが、本来の争点を忘れて、お互いに誹謗中傷をし合い、怪文書が飛び交うような醜い争い。これを「泥仕合」と言います。もともと泥にまみれて争うことから転じた言葉であり、「泥試合」という表記は誤りです。

　ちなみに「試合」はスポーツや武術で競うこと。「仕合」は双方が同じようなことを仕掛けて争うことです。

答え **A**

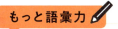

角逐(かくちく)

勢力を得るために互いに競い合うことを言います。「角」は、競うという意味があります。相撲のことを**「角力(すもう)」**と書くこともありますね。

一方の「逐」は追い払うという意味です。相手を追い払おうと競り合うイメージが伝わる言葉です。主に文章で使います。

例文：両者の角逐が続く。

シーソーゲーム

一方が点を取ったらすぐ相手が点を取り返すような、追いつ追われつの試合のこと。似た意味合いの言葉ですが、両者互角の接戦は**「クロスゲーム」**と言います。反対に一方的な試合は**「ワンサイドゲーム」**です。**「コールドゲーム」**はルールによって途中で試合を中止することです。

例文：互いに点を取り合うシーソーゲームになっている。

手合わせ

相手になって勝負を争うこと。スポーツや将棋、囲碁などで相手になってほしいと依頼するときに「お手合わせ願いたい」などと使います。

例文：お手合わせをお願いできますか？

どちらの読みが正しい?

間髪をいれず

A　かんぱつ　　B　かんはつ

「間髪をいれず」は、少しの時間もおかないで、すぐさま、という意味の慣用句です。「司会者からの質問に、登壇者は間髪をいれずに答えた」などと言います。

「文選・枚乗・上書諌呉王（じょうしょしてごおうをいさむ）」に出てくる「間不容髪」という言葉に由来し、間に髪の毛を1本いれるすきまもない、という意味の言葉です。「間に髪をいれない」という意味なので、「間髪」という一単語ではなく、「間、髪をいれず」と区切って読むのが正解です。

もとは、事態が差し迫っていて、少しの猶予もないことを意味していましたが、現在では、すぐに物事を行なう様子に使われています。

「かんぱつ」と読むのは間違いです。

答え **B**

> もっと語彙力

即刻

時間をおかない、すぐさま、という意味。「**即時**」もほぼ同じです。
例文：即刻行動してください。

時を移さず

すぐに、ただちにの意味。「**時を移す**」は、時を経るという意味です。
例文：計画を立てたら時を移さずに実行しましょう。

ASAP（エイサップ・アサップ・エーエスエーピー）

英語の "as soon as possible" の略です。「**できるだけ早く**」という意味で使われます。

するやいなや

何か行動をしてから時間をおかずにすぐに行動する様。
例文：電話がつながるやいなや用件をまくしたてた。

どちらの読みが正しい？

環境問題はけっして<u>他人事</u>ではない。

A　たにんごと　　**B**　ひとごと

「他人事（ひとごと）」は、自分とは無関係な、他人に関すること。島崎藤村の『夜明け前』に「彼に取つて他事（ひとごと）とも思はれなかつた」という文章があります。

明治大正期の文学では「他人事（ひとごと）」とふりがな付きで表記されていたものが、ふりがなが取られた後に「他人事（たにんごと）」と読まれるようになっていったとする説もあります。

やがては自分の身にも降りかかってくることであり、無関係だと言っていられないという意味の**「他人事ではない」**という慣用句の形でよく使われます。

答え **B**

もっと語彙力

対岸の火事

他人にとっては重大なことでも、自分には関係がなく、少しも痛痒を感じないこと。
例文：老後破産の問題は対岸の火事ではない。

余所事

自分には直接関係のないこと。**「余所」**は、他のところ、という意味です。
例文：とても余所事とは思えない事故です。

他事

他のこと、余所事。**「他事ながら」**は「あなたには直接関係ないことですが」という意味です。「無事、退院しましたので他事ながらご安心ください」などと、手紙文で、自分の出来事などをへりくだって伝えるときに使います。
例文：他事を顧みる時間もない。

どちらの読みが正しい？

部長が声を荒らげる。

A　あららげる　　B　あらげる

　発する言葉や態度を荒くすることを**「荒(あら)らげる」**と言います。「声を荒らげる」「言葉を荒らげる」などと使うことが多い言葉です。

　「あらげる」と読まれがちなのですが、**「あららげる」**が正解。ただし、送り仮名を「荒ららげる」と表記するのは間違いです。

　ところで「荒」を使った言葉に**「荒療治(あらりょうじ)」**があります。患者の苦痛を考慮せずに、手荒く治療することです。そこから転じて、思い切った処置によって物事を立て直す行為を表すようになりました。

答え **A**

怒鳴る・がなる

　大声で叫ぶこと、わめくこと。「怒鳴る」は怒りの感情がありますが、「がなる」はやかましく叫ぶことで、騒音のような印象があります。
例文：「静かにしろ」と大声で怒鳴った。

声を張り上げる・声を振り立てる

　<u>精一杯の大きな声</u>を出すこと。似た言葉に「声を振り立てる」もあります。
例文：声を張り上げて呼んだが、彼女には聞こえていなかった。

怒号

　激しく怒って大声で叫ぶこと。**<u>怒りの感情が強調される言葉</u>**です。
例文：議場には怒号が飛び交った。

どちらの読みが正しい?

一見の客は入店できないそうです。

- A　いっけんのきゃく
- B　いちげんのきゃく

「一見さんお断り」などの表現を耳にしたこともあるでしょう。

料理屋などで、なじみがなく、紹介者もなく、初めて来店したお客のことを**「一見の客」**と言います。一見は、初めて対面すること。狭義では、上方の遊里で初会の客を意味していました。

なお、**「一見」**は、一度、もしくは、ちらっと見ること。「一見して名作だと思いました」などと言います。**「百聞は一見にしかず」**ということわざもありますね。

答え **B**

> もっと語彙力

振りの客

料理屋や旅館などで、**紹介や予約なしでやってくる客**のこと。「振りの客は来店をお断りする」などと、歓迎しない意味合いで使います。音が似ていますが、「フリーの客」というのは間違っています。
例文：あの店は、振りの客は歓迎されない。

ビジター

ビジター（visitor）は訪問者のことですが、**ゴルフ場などで正会員の紹介でプレーする会員以外の利用者や、野球などで相手の本拠地に訪れて試合をするチームのこと**を意味します。旅行雑誌「旅」の1957年2月号に「ヴィジター平日一〇〇〇円」と書かれたのが初出とされます。
例文：ビジター料金。

どちらの読みが正しい?

思い通りにうまくいき、悦に入る。

A 悦にはいる
B 悦にいる

物事が思い通りに進んで、心の中で喜ぶことを「悦に入る」と表現します。「悦」は嬉しがること。心を意味するりっしんべんに、「むすぼれていたものが抜け落ちる」という意味の「兌」で成り立つ漢字で、「心の中でわだかまっていたものが抜け落ちて喜ぶ」ことを表します。「入る」を「はいる」と読むのは間違いです。

答え **B**

小躍りする

<u>喜んで躍り上がること。</u>
例文:小躍りして喜ぶ。

糠喜び(ぬかよろこび)

喜んだ後で、あてが外れてがっかりすること。「小糠祝い(こぬかいわい)」とも言います。
例文:100点だと思ったら、採点ミスが見つかり95点に。とんだ糠喜びだった。

笑壺に入る(えつぼにいる)

<u>思わず笑い出したくなる</u>気持ちのほかに、**思い通りになって**思わず笑みを浮かべることも指します。「笑壺」とは、笑い興ずることですが、「そこをつかれると笑わずにはいられない急所」から来ているという説もあります。
例文:**計画した通りになって、彼は一人笑壺に入る。**

法悦

もとは仏の教えを聞いて生まれる喜びのことでしたが、転じて、**うっとりするような悦びや陶酔**を指します。
例文:法悦の境地。

75

どちらの読みが正しい?

業績が漸次上昇している。

A　ぜんじ　　B　ざんじ

　少しずつ、だんだんという意味で使われる副詞に「漸次(ぜんじ)」があります。漸次の「漸」は、水を表すさんずいに、「きる」という意味の「斬」がついていますが、もともとは「水の流れを切って徐々に導き通す」という意味でした。それが、転じて「だんだん」といった意味で使われるようになりました。

　「ざんじ」と読み間違ってしまうのは、**「暫時(ざんじ)」**との混同によります。「暫時」は、しばらくの間、少しの間、を意味する言葉です。

答え **A**

もっと語彙力

徐に(おもむろ)

　静かで、ゆっくりした様。ただゆっくりしているというよりも、もったいぶった印象があります。ちなみに「そろそろと歩く」の「そろそろ」は、「徐徐」と書くことがあります。
例文：彼は徐に口を開いた。

しだいに・徐々に

　時間の経過とともに、変化が少しずつ進む様を表します。「徐々に」もほぼ同じですが、よりゆるやかな印象を持ちます。
例文：しだいに冷え込みが厳しくなってきた。

フェードアウト

　映画や演劇で次第に照明が暗くなったり、音楽が小さくなったりすること。転じて今は、勢いが徐々に小さくなること。また今は、**人間関係について少しずつ距離が離れていくこと**について使われることもあるようです。
例文：彼との関係は徐々にフェードアウトしていった。

4　その漢字、正しく使えていますか？

「胸がおどる」の「おどる」はどちら?

A 踊る　　**B 躍る**

「おどる」という漢字で多くの人が目にするものには、「躍る」と「踊る」があるでしょう。

「胸が躍る」は、期待や興奮でわくわくすること、落ち着かなくなることを表す慣用句です。

「躍る」は「跳躍」といった言葉があるように、**飛び上がる、胸がわくわくする**という意味があります。

一方の**「踊る」**は、足をあげて舞うという意味があり、現在は**ダンス**など踊ることそのものや、「噂に踊らされる」など**操られる**という意味で使われます。

したがって「胸がおどる」は「躍る」を使います。

答え **B**

> もっと語彙力

欣喜雀躍（きんきじゃくやく）

雀が跳ねるように、小躍りして喜ぶこと。
例文：合格の知らせに欣喜雀躍する。

有頂天（うちょうてん）

「有頂天」とは仏教で形のある世界（三界）の最も上に位置する世界のこと。そこまで達するくらい喜びの絶頂にいる、ということです。
例文：尊敬する師からほめられて、有頂天になっている。

随喜（ずいき）

仏教用語で、他人の善の行ないを見て喜びの心を持つこと。転じて大喜びをすること。
例文：随喜の涙（ありがた涙）を流す。

手の舞い足の踏むところを知らず

嬉しさのあまり、思わず小踊りするような様。
例文：優勝して、手の舞い足の踏むところを知らずだ。

これを漢字で書けますか?

彼は初戦をなんなく突破した。

A 難　　B 何

　困難なことがなく簡単に、という意味で使われる言葉が「難なく」です。室町時代に成立したとされる『義経記』に「関守どもこれを見て、なんなく木戸を開けて通しけり」とあります。
　「彼は難しい仕事を難なくやってのける」などと使います。「何ともなく」からの連想で「何なく」と表記するのは誤りです。

答え **A**

もっと語彙力

造作(ぞうさ)ない

　大した労力や時間をかけず、簡単で手間がかからないこと。「造」も「作」も「何かをする」という意味で、「造作」は手間がかかることの古風な表現です。
例文：このくらいの仕事は造作なくできますよ。

簡単明瞭
かんたんめいりょう

　「簡単」は要領を得ていてわかりやすいこと。「明瞭」ははっきりしていること。そこから、「わかりやすくはっきりしていること」「要領を得ていること」を指します。
例文：簡単明瞭に説明します。

嚢中のものを探る
のうちゅう

　手探りでわかるような簡単なこと。「嚢」は袋のことを指します。
例文：彼にとっては嚢中のものを探るくらいにやさしいことだ。

朝飯前

　腹が減っていてもできるくらいにやさしいこと。
例文：朝飯前です。すぐやってしまいますよ。

イージー

　たやすいこと。「イージーリスニング」は、気軽に聞き流せるような音楽のことで、ムード音楽についてよく使われます。「イージーオーダー」は、見本の中から型と布地を選び、仮縫いなしで洋服を仕立てることを指す和製英語です。

これを漢字で書けますか？

せいてんの霹靂(へきれき)

突然起こる事変や大事件のことを「青天の霹靂」と言います。「霹靂」は雷のこと。青く晴れた空に、急に雷が鳴り響く様子から、思いがけなく突然に起こることを表すようになりました。

南宋の詩人陸游(りくゆう)の詩にあった「青天に霹靂を飛ばす（青空に突然雷鳴をとどろかす）」に由来する言葉です。

晴天の霹靂と表記するのは間違いです。

答え **青天**

もっと語彙力

青天白日

　よく晴れた日よりのこと。そこから、隠すところのないこと、犯罪の疑いが晴れることなどを指します。
例文：裁判で無罪となり、青天白日の身となる。

虚をつかれる

　備えがないところにつけ込まれるという意味。
例文：その質問に虚をつかれて答えることができなかった。

寝耳に水

　突然の出来事に驚くことのたとえ。一説には、寝ているときに大水が出てその大きな音が聞こえることを表現した言葉と言われますが、その後、寝ているときに耳に水が入るという風に受けとられるようになりました。突然のことにびっくりするというニュアンスが強調された言葉です。
例文：そんな話は寝耳に水だ。

どちらの読みが正しい?

一家言ある人

A　いっかげん　B　いっかごん

独自の意見や主張、見識などを「一家言(いっかげん)」と言い、「彼はワインについては一家言ある」などと使います。
「いっかごん」と読むのは誤りです。

答え **A**

もっと語彙力

見識(けんしき)

鋭い判断に基づいた意見のこと。
例文：今の国際情勢についての見識を持つ。

一見識(いちけんしき)

優れた見識のことを「一見識」と言います。
例文：彼は音楽については一見識を持っている。

造詣(ぞうけい)

ある分野に対する知識と理解を持っていること。
例文：美術について造詣が深い先生。

第5章

「語彙力増加メソッド」で、使える言葉を増やそう

共通して入る漢字は?

政権を□握した。
□編小説を書く。

共通して入る漢字は「掌」。「手のひら」という意味があります。掌は「たなごころ」とも読みますが、これは「手の心」＝手の中心から来ています。

さて、「掌握」は、手の中に握り持つということ。そこから、自分の思いのままに支配できるようにすることを意味しています。「実権を掌握する」などと使われます。

「掌編」は、ごく短い文芸作品を意味します。短編よりも短い作品を指し、「掌編小説」「掌の小説」とも言われます。

答え **掌**

もっと語彙力

掌にする

手中にする、思いのままにする。「掌の上」などという言い方もありますね。
例文：城を掌にする。

掌(たなごころ)を反(かえ)す

態度などをがらりと変えること。**「手の裏を返す」「手のひらを返す」「手を返す」**とも言います。なお、これは「掌を反すように天気がよくなった」のように自然現象などには使いません。
例文：一度失敗したら、掌を反すように誰も寄りつかなくなった。

掌(たなごころ)を指(さ)す

物事のきわめて明白なことのたとえ。手のひらにあるものを指すのは誰でも簡単にできます。反対語は**「雲をつかむ」**です。
例文：掌を指すように答えは明白だ。

管掌(かんしょう)

この掌は、**管理すること**を意味します。自分の管轄の仕事として取り扱うことです。
例文：政府管掌の健康保険。

車掌(しゃしょう)

電車の中を司る人ということで「車掌」も「掌」という字を使いますね。

共通して入る漢字は?

難しい問題を快□乱麻を
断つように解決した。

彼は部長の懐□として
かわいがられている。

「○○乱麻」と言ったら、「快刀」とすぐにピンときてほしいところです。

「快刀」は切れ味が鋭く、よく切れる刀のこと。「乱麻」は、乱れてもつれた麻糸のことです。そこから転じて、紛糾していることを手際よく処理することを意味する「快刀乱麻を断つ」という慣用句が生まれました。「快刀乱麻のピッチング」など、単に素晴らしいことを表現するときに使われていることもありますが、本来は、**複雑で難しい物事を鮮やかに解決する**という意味です。

また、「懐刀（ふところがたな）」は懐中に入れて持ち歩く小刀。転じて、**内密の相談などに預かる部下や側近**の意味で使われます。

答え **刀**

もっと語彙力

一刀両断

きっぱりと大胆な処置をすること。一太刀で物を真っ二つに切ることから転じて使われるようになった表現です。

出典は、中国南宋の思想家である朱熹の語録である『朱子語類』。「人間の将来を憂えて発奮すると食事を忘れ、みずからの楽しみとするものを楽しむときは憂いを忘れて没頭する」という孔子を評して、「一刀両断」と記述しています。
例文：懸案事項を一刀両断に解決した。

刀折れ矢尽きる

戦う手段がまったくなくなること。そこから**物事を続ける方策がなくなること**。初出は『後漢書』の「刀折れ矢尽き、虜もまた引き退く」という言葉からきています。
例文：刀折れ矢尽きるまで奮闘する。

伝家の宝刀

代々家宝として伝わっている名刀。そこから、**いよいよというとき以外には使わないとっておきの手段**などを指します。「殿下の宝刀」は間違いです。
例文：首相は、解散という伝家の宝刀を抜いた。

82

共通して入る漢字は？

健康に配□して生活しましょう。
クレーム対応に苦□する。
国の将来を憂□している。

「慮」には「心をめぐらせる」「深く考える」という意味があります。三つの例文のうち、最も日常的に使っているのは「配慮（はいりょ）」かもしれません。心を配ることや、心遣いを意味します。

「苦慮（くりょ）」は、苦心していろいろと考えること。「対策に苦慮する」などと使います。そして、「憂慮（ゆうりょ）」は、よくない結果になるのではないかと心配すること。「自然災害は憂慮すべき課題である」などと使います。

答え **慮**

> もっと語彙力

深謀遠慮（しんぼうえんりょ）

ずっと先のことまで深く考えて計画すること。「深」は考えが深いこと、「謀」は謀りごと、「遠」は遠い将来、「慮」は考えることです。
例文：深謀遠慮をめぐらす。

短慮軽率（たんりょけいそつ）

考えが浅はかで行動が軽はずみなこと。「深謀遠慮」の反対語です。「短慮」は浅はかな考えです。
例文：今回のような行動を短慮軽率と言うんだ。

慮外（りょがい）

「思いのほか」「不躾（ぶしつけ）」ということです。少し古風な表現です。
例文：それは慮外のできごとだった。

古風

浅慮（せんりょ）

思慮の浅いこと。浅はかな考え方。反対語は**「深慮」**です。
例文：浅慮のいたすところです。

共通して入る漢字は?

会議資料を配□してください。

よくないうわさが流□している。

「布」は、織物などの「布(ぬの)」を指しますが、それ以外には、「広げる」「いきわたらせる」という意味があります。

「配布」は、広くいきわたるように配ること。「街頭でアンケートを配布する」などと言います。

「流布」は、世間に広まること。何かの説や評判などについてよく使われます。株価の操作などのために虚偽の噂を流すことは、「風説の流布」として禁じられています。

答え **布**

もっと語彙力

頒布(はんぷ)

広範囲の特定の人たちに配ること。

例文: 頒布会のお知らせです。

公布(こうふ)

広く知らせること。主に成立した法律・条例などを、官報で国民に発表するときに使います。
例:法律を公布する。

布告(ふこく)

国の決定を国民や相手国などに伝えること。
例:宣戦布告。

分布(ぶんぷ)

分かれてあちこちにあること。動物や植物などの種が、それぞれ異なった地域に生育すること。「布」という字の「あちこちに広がる」という意味合いが感じられます。
例:植物の分布を調べる。

泉布(せんぷ)

金銭のこと。「泉」は銭を表す古い言葉です。この「布」は、「広く流通する」という意味で使われています。

共通して入る漢字は?

それは卑□なやり方だ。
□懦な性格。

「卑」がつく熟語といえば、「卑怯」「卑劣」などが思いつくでしょうか。「怯懦」が思い浮かべば「怯」という正解が導き出せます。

「怯懦」は、臆病で意志が弱いことを表します。「怯」は、「忄（心）が去る・しりごみする」という漢字の成り立ちから想像できるように、おびえる、怖じけるという意味を持ちます。「怯む」という読みもありますね。

「卑怯」というと、臆病でずるいという意味でとらえる人も多いですが、勇気がなくて臆病という意味もあるのです。

答え **怯**

> もっと語彙力 ✏️

怖がる・怯える

「怖がる」は危険に直面したときなどに広く使います。一方「怯える」は、すでにある経験がもとになって感じる恐怖の気持ちです。

悪怯れる

気後れしたような卑屈な様子、未練がましい振る舞いのことを言います。「ミスをしたのに悪怯れる様子もなく」というのは、「悪いと思っているふうに見えない」のではなく、「それについて恥ずかしいと思っているように見えない様子」ということです。「悪びれる」の「びれる」はひらがなで書くことが多いですが、漢字で書くと「怯れる」です。
例文：悪怯れる様子もなく、話をはじめた。

怯臆

恐れてしり込みをすること。

怯弱

気が小さくて物事に取り組む気概がないこと。積極性がなく臆病なこと。
例文：「其心志怯弱にして物に接するの勇なく」（『学問のすゝめ』福沢諭吉）

共通して入る漢字は?

彼の存在は□人をもって代えがたい。

窮□の一策

　「余」は、「余り」「必要以上の分」「その他の」という意味を持つ言葉です。もともとは象形文字で「除草具」を指し、「自由に伸びる」ことを意味する漢字でした。食物が余り、豊かであることを示した「餘」という字の俗字として使われたために、「餘」の意味も含まれるようになりました。

　「余人」は、「他の人」という意味。「余人をもって代えがたい」で、「他の人には代えられない」ことを指します。「彼女の働きは余人をもって代えがたい」などと使います。

　また、「余人を交えず話したい」ということであれば、当事者以外の人は入れずに話したい、ということになります。

　「窮余の一策」は、追い詰められて苦し紛れに思いついた一つの手段のことです。

答え　余

もっと語彙力

余暇

　自由に使える時間のこと。仕事を離れて使える時間。
例文：余暇にスポーツを楽しむ。

残余
ざん よ

残り、余りのこと。文章で使われることが多いです。使わずに残っていたものということで「余」が使われています。
例文：残余の財産を処理する。

三千余 など
さん ぜん よ

数量がその数より多く、端数があること。百人余の入場者、三十余年の年月などと使います。
例文：三千余の人の来場があった。

余罪
よ ざい

逮捕・起訴の原因として、現在問われている罪以外に犯している罪のこと。このときの「余」は、「その他の」という意味です。また、つぐないきれない罪のことを指すこともあります。
例文：余罪を追及する。

余韻
よ いん

音が消えた後に残る響きのことから転じて、何かが終わった後も残る味わいや感覚のこと。
例文：感動の余韻にひたる。

共通して入る漢字は?

鷹□に構えている。

もっと抑□をつけて話してください。

「揚」という漢字には「あがる」「あげる」という意味があります。**「鷹揚」**は、ゆったりとして威厳があり、落ち着いていること。**鷹が大空を悠々と飛ぶ様から生まれた言葉**です。もともとは武勇がある様子を表していましたが、江戸時代になると「大様」と混同されて使われるようになりました。

「抑揚」は、声を上げたり下げたりすること。**「抑揚のない話し方」**など声について表現するだけでなく、**「抑揚のない文章」**などと使うこともあります。

答え **揚**

> もっと語彙力

掲揚
けいよう

高く掲げること。このときの「揚」は、**高く上げる**という意味で使われます。
例文：国旗掲揚。

浮揚
ふよう

浮かび上がること。ここでは「上がる」という意味で使われます。春の季語に、ひばりが高く舞い上がって飛ぶ様子を示す「**揚雲雀**（あげひばり）」という言葉もあります。
例文：景気浮揚策。

名を揚げる

よい評判で、有名になること。 名声を世に現すこと。この「揚げる」は、あらわす、明らかにするといった意味があります。
例文：名プレーヤーとして大リーグでも名を揚げた。

揚げ足をとる

相手が蹴ろうとしてあげた足をとって、逆に倒すという意味から、**相手の言葉じりや言い損ないをとらえて、非難すること**を言います。
例文：揚げ足をとってばかりいると嫌われるよ。

共通して入る漢字は?

本の□

□がいい

腹の□がおさまらない

どれも聞いたことがある言葉だと思いますが、正解は「虫」。

「本の虫」は、本が好きで始終本を読んでいるような人。「虫」には、**あることに熱中する人**、「泣き虫」のように**「ちょっとしたことでも、すぐそうなる人」**という意味があります。

「虫がいい」は、自分の都合だけを考えて他を顧みないこと。身勝手なこと。「その話は虫がよすぎる」などと言います。

「腹の虫がおさまらない」は、怒りがおさまらないこと。心の中に感情を引き起こす虫がいるとして使われる表現です。

答え **虫**

もっと語彙力

虫が知らせる

何となくそのような予感がすること。**「虫の知らせ」**という言葉もあります。
例文:虫の知らせで、引き返した。

虫がつく

　通常は虫が衣類や書画をダメにしてしまうことですが、**未婚の女性に好ましくない男性ができること、そのような男性が言い寄ってくること**についても使います。
例文：お嬢さんに変な虫がつかないといいのだけど。

虫の居所が悪い

　普段は気にならないようなささいなことが気になり、**怒りっぽい状態**になっていること。
例文：部長は今日虫の居所が悪いから、声をかけないほうがいいよ。

虫も殺さない

　虫も殺せないほど、**おとなしく温厚な様**。
例文：虫も殺さぬような顔をして、ひどいことを言う。

共通して入る色は?

☐したたる

☐立つ

☐の髪

「したたる」というと、水色を考えた方もいるかもしれませんが、正解は「緑」です。

「緑」には、色のほかに、草木の新芽という意味もあり、**若くてみずみずしい**ことについても使われるようになりました。

「緑滴る」とは、緑色が鮮やかなことから、**新緑がみずみずしく鮮やか**なこと。また、黒くてつややかなことも指します。

「緑立つ」は春の季語。このときの「緑」は**松の新芽**のことです。強い生命力が感じられる言葉です。

「緑の髪」は、**つやのある美しい黒髪**のこと。「緑髪」の訓読みですが、通常は「緑の黒髪」と言われます。本当に緑色というわけではなく、みずみずしくつややかな黒髪、ということです。

答え **緑**

> もっと語彙力 ✏️

緑摘む
(みどりつ)

　こちらも**春の季語**です。松の新芽が伸び、それを摘み取ることを言います。

緑なす

　木や草の葉が緑に茂ること。

緑さす

　心が洗われるような**初夏の若葉の緑**のこと。

嬰児
(みどりご)

　「**嬰児**」の少し古い言葉です。2〜3歳くらいまでの**乳幼児**を指しますが、新芽のように若々しい子どもという意味です。「**緑児**」と書くこともあります。

緑の糸

　緑色の柳の細い枝のこと。

89

これを大和言葉で言い換えられますか?

秘密にする

□□□にも出さない

(ひらがな三字で)

　漢字で成り立つ言葉は、あらたまった場所でも使いやすいですが、場合によっては、大和言葉のほうが、やわらかく、聞きやすいこともあります。また、カタカナ語をひらがなの言葉にすることで、誰にでも理解できる言葉になります。ここからはそんな言い換えのトレーニングをしてみましょう。

　「秘密にする」を変えるなら、「おくびにも出さない」はどうでしょうか。「おくびにも出さない」は、**物事を心に深く隠して口に出さず、それらしいそぶりも見せない**ことを表した慣用句です。「彼は彼女に好意を寄せていることをおくびにも出さずに振る舞っていた」などと使います。

　「おくび」は首のことと誤解されがちですが、「噯」と表記します。いわゆる「げっぷ」のことであり、胃の中にたまったガスが口から外に出るものです。それをこらえて口から外に出さないようにする様子から慣用句として成立しました。

答え **おくび**にも出さない

もっと語彙力

何食わぬ顔

何も知らないといった顔。
例文：犯人は何食わぬ顔で被害者の葬儀に参列していた。

素振（そぶ）りを見せない

顔色や動作に表さないこと。
例文：嫌がる素振りを見せず、黙々とその作業を続けていた。

コンフィデンシャル

英語では confidential。「機密」「極秘」という意味です。これが書いてあったら、公開してはいけません。なお、手紙などで名宛人自身の開封を求めるときは、「親展（しんてん）」と添えます。

シークレット

秘密のこと。「トップシークレット」と言えば、最高機密。「シークレットサービス」は、国家の秘密情報機関や、要人の護衛にあたる人を指します。

これを大和言葉で言い換えられますか？

劣勢(れっせい)

↓

□□□□が悪い

（ひらがな四字で）

　他社とのシェア争いなどで勢いが劣っている、形勢不利な状態を「劣勢」と言います。これを言い換える表現に「はたいろ（旗色）が悪い」があります。

　「旗色」は、戦場で軍旗が翻る様子。これを見て戦況を知ったことから、広く勝ち負けの形勢を意味するようになりました。これが悪いということですから、形勢が不利なことを意味するわけです。

　ところで、「旗」を使った慣用句に「旗を振る」があります。社会運動などの先頭に立って、指揮をすることです。「旗振り役」などと言うこともあります。

答え　はたいろ（旗色）が悪い

もっと語彙力

分が悪い

　形勢が悪く、**勝つ見込みが少ないこと**。「分」は、優劣などの度合いを表します。
例文：この勝負はこちらの分が悪い。

衰勢

　衰えた勢い、もしくは勢いが衰えた様子のこと。 反対語は「隆勢」です。
例文：状況が衰勢に向かう。

頽勢・退勢

　勢い・形勢が衰えていくこと。 衰退するありさまを指します。「退」は「頽」の代用表記です。
例文：頽勢を挽回する。

アドバンテージ

　有利であること。 反対に不利なことは**「ディスアドバンテージ」**です。

敗色

　負けそうな気配。
例文：ロスタイムに入り敗色濃厚となった。

91

これを大和言葉で言い換えられますか?

便乗
⬇
□□□□に乗る

（ひらがな四字で）

　都合のよい機会をとらえて利用することを**「便乗」**と言います。これを言い換える言葉が**「しりうま（尻馬）に乗る」**。「尻馬」は、人が乗っている馬の尻のこと。これに乗ることを、**考えもなく他人の言動に同調すること**にたとえた言葉です。

　夏目漱石の『私の個人主義』に「近頃流行るベルグソンでもオイケンでもみんな向うの人がとやかくいうので日本人もその尻馬に乗って騒ぐのです」とあります。

答え **しりうま（尻馬）に乗る**

もっと語彙力 ✏️

付和雷同（ふわらいどう）

　一定の主義主張を持たず、**他人の意見や説に理由もなく同調すること**。「付和」は他人の言葉に口を合わせることを意味し、「雷同」は他人の意見にすぐ同調すること。雷が鳴ったとき、すべての物がそれに応じて鳴り響くことが由来です。

これを大和言葉で言い換えられますか？

選抜される

↓

□□□の矢が立つ

（ひらがな三字で）

「選抜される」は、多くのものから選び出されることです。これを言い換えた言葉に**「しらは（白羽）の矢が立つ」**があります。これは、人身御供（いけにえ）を求める神が、求める娘の家の屋根に印として白羽の矢を立てるという俗説に由来する慣用句です。

もともと、多くの中から犠牲者として選び出されるという意味で使われていましたが、現在では、多くの中から特別に選び出されるという意味も持つようになり、よいことにも使われています。カタカナ語なら**「セレクト」「セレクション」**が該当します。

答え　しらは（白羽）の矢が立つ

これを大和言葉で言い換えられますか?

支離滅裂(しりめつれつ)

□□□□が合わない

（ひらがな四字で）

「**支離滅裂**」は、ばらばらに乱れてまとまりがないこと。筋道も立たずに非論理的な様を表します。

「つじつまが合わない」は、前後が矛盾していること、筋道が通っていないこと。漢字では「辻褄」と書きます。一説に「辻」は裁縫で縫い目が十字に合う部分、「褄」が着物のすその左右が合う部分のことを指し、「辻褄が合わない」で、きちんと合うべきところが合わない、物事の道理が合わない、という意味になります。

答え つじつまが合わない

> もっと語彙力

しどろもどろ

　言葉や話の内容に筋が通らず、まとまらないことを表すのが「**しどろもどろ**」。もともと、乱れていることを意味し、特に否定的な文脈で使われる言葉ではありませんでしたが、中世後期以降、足取りが頼りないことを表すようになり、近世になってからは、あわてたり動揺したりして話し方が乱れる様を意味するようになりました。

珍紛漢・珍紛漢紛
（ちんぷんかん・ちんぷんかんぷん）

　何を言っているのかわからないこと。成り立ちについては、儒者の漢語を冷やかした言葉とか、外国人言葉の口まねからきた言葉、といった説があります。
例文：彼の話は珍紛漢紛だ。

舌たるい

　甘えたようなものの言い方。「舌怠い」と書きます。古い言葉です。
例文：あの女性は舌たるい話し方をする。

うんともすんとも

　全然返事をしないこと。「すん」は、「うん」のごろ合わせです。
例文：何を言っても、うんともすんとも返事がない。

これを大和言葉で言い換えられますか?

保証する

お □□ 付き
(ひらがな二字で)

　保証とは、「確かである」と請け合うこと。権威のある人が与える保証は、特に**「おすみ付き（お墨付き）」**という言葉で言い換えられます。「お墨付き」は、将軍や大臣が臣下に与える文書のことで、領地や勲功(くんこう)などを保証したものでした。会話でも、「専門家のお墨付きをもらっています」などと使われます。

　似た言葉として、**「折り紙付き」**もあります。これは、人物や品物などが保証付きであること。「折り紙」は、千羽鶴などを折る折り紙のことではなく、公式文書や目録として使われた二つに折った紙のことを指します。これが、書画や刀剣などの鑑定書にも使われるようになったことから、「折り紙のついたもの＝保証されていて信用できるもの」という意味を持つようになったのです。

　カタカナ語の「保証」という意味では**「アシュアランス」**、権威付けされていることを意味するなら**「オーソライズ」**が似た意味で使われています。

答え **おすみ付き**

> もっと語彙力 ✏️

極め付き

「極め」は、書画や刀剣などにつける**鑑定書（極め書き）**のこと。そこから、世間から明確な評価を受けていることを言います。本来は**「これ以上ない優れたもの」**など、よいことについて使います。
例文：極め付きの演技。

札付（ふだ）き

世間の**悪い定評**があること。
例文：札付きのワルだ。

高評（こうひょう）

高い評判。よい評判で「好評」という言葉もあります。
例文：作品は高評を受けた。

レコメンド・リコメンド

誰かの推薦を受けること。**ちょっとしたおすすめの意味**でも使われます。通販サイトでユーザーの嗜好に合わせて商品をおすすめしてくる機能は**「レコメンド機能」**と呼ばれます。
例文：今日のレコメンド。

95

これを大和言葉で言い換えられますか?

ご来臨(らいりん)いただきまして、
ありがとうございます。

お□□□いただきまして、
ありがとうございます。

（ひらがな三字で）

「来臨」は、来訪・出席に対する尊敬語です。

これを別の言葉で言い換えるなら**「おはこび（お運び）」**があります。

これは「足を運んでくれた」ことへの尊敬語。「おいでいただく」「お越しいただく」などといった類語より、あらたまった印象があります。

どちらも、会合などでよく使われますので、ぜひ覚えておいてください。

答え **おはこび（お運(はこ)び）**

もっと語彙力

ゲスト・カスタマー・クライアント

「お客」という意味のカタカナ語として、様々な言葉が使われています。ここに整理しておきます。

- **ゲスト**　招待客。ホテルなどでも使われます。
- **カスタマー**　顧客。特に常連客やお得意様のことを指します。今は「カスタマーサービス」などと一般的に使われています。
- **クライアント**　弁護士やカウンセラーなど、より専門的な職種への依頼人。また、顧客、得意先という意味もあります。
- **パッセンジャー**　乗客。電車のアナウンスで聞かれますね。

お出まし

わざわざ出かけることを敬って表現する言葉です。
例文：理事長にお出ましいただきました。

これを大和言葉で言い換えられますか?

ビビる

↓

及び☐☐
（ひらがな二字）

　気後れすること、萎縮することを「ビビる」と言いますが、大人の言葉づかいとして「ビビる」は避けたいものです。
　言い換え言葉の一つが**「及びごし（腰）」**。自信がなくて不安な態度を表します。「社長は働き方改革に及び腰だ」などと言います。

答え **及（およ）びごし（腰）**

もっと語彙力

尻込みする

　おじけてためらう様子を表す言葉です。もとは馬が前に出るのを嫌がって、後ろへ下がることからきた言葉です。

逡巡（しゅんじゅん）

　決心がつかずためらうこと。類似する意味の**「躊躇（ちゅうちょ）」**よりも、長い間ぐずぐずしているイメージがあります。
例文：やるかやらないか逡巡している。

高腰(たかごし)

腰を高くして体を屈めないことから、態度が傲慢である様、姿勢が不安定な様を表します。

腰の上のほうの骨ばっている部分についても言います。

例文：高腰を掛く。（いばって腰をかけること、尊大な態度をとること）

強腰(つよごし)

態度が強硬で相手に譲らないこと。反対語は弱腰です。

例文：今回の交渉で、強腰に出た。

腰が砕ける

安定した姿勢が崩れることから、途中で物事に立ち向かう勢いがなくなること。似た言葉の「腰が抜ける」は、驚いたり恐れたりして、立ち上がる力がなくなることを指します。

例文：せっかく立てたプランが腰砕けに終わった。

97

これを慣用句で言い換えられますか?

誤魔化す（ごまかす）

↓

□□を読む

　年齢を誤魔化すときに「さばを読む」という表現はよく使っていると思います。

　「さばを読む」は、自分の得になるように数字（特に年齢）を都合よく誤魔化すこと。魚市場でさばの数を数えるときに、早口で数えて誤魔化したことから生まれたとされています。

　ところで誤魔化すの語源は、ただの灰を弘法大師の護摩の灰として売る詐欺があったからという説や、江戸時代に「胡麻胴乱（ごまどうらん）」というお菓子があり、そのお菓子の中が空洞になっていて見かけ倒しと評されたことに由来するという説があります。

答え **さば**を読む

もっと語彙力

たぶらかす

　うまいことを言って人をだますこと。
例文：彼女は言葉巧みに男性をたぶらかす。

一杯食わす

うまく人をだますこと。だまされたときには「一杯食わされた」ですね。
例文：信じていた相手に一杯食わされた。

かたる

「騙る」と書きます。親しげに「語る」ということから、もっともらしいことを言って人を欺くこと。また、地位や名前を偽って人をだますことを指します。
例文：市の職員を騙った詐欺にあった。

朝三暮四

目の前の利益にこだわり結果が同じになることに気がつかないことから、全体を見失うこと、また、言葉巧みにだますこと。中国の春秋時代に宋の狙公という人が猿に橡の実をあげるのに「朝三つ、暮に四つ」としたところ猿が怒ったので、「朝四つ、暮に三つ」としたら喜んだという故事からきています。命令などが次々と変わる「朝令暮改」と混同しやすいので注意してください。なお、「朝三暮四」には「暮らし」という意味もあります。
例文：朝三暮四の回答にだまされるな。

これをカタカナで言い換えられますか?

一目置く

(カタカナ五字)

⬇

☐☐☐☐☐

「**一目置く**」という表現があります。これは、相手の実力を自分より上だと認め、敬意を払うこと。「一目」は囲碁から来た言葉で、対局するとき、実力が劣るほうがハンデとして一目を置き、そこから打ちはじめることに由来します。「**一目も二目も置く**」という強調表現もあります。

これをカタカナにするなら、「尊敬する」という意味の「リスペクト」があるでしょう。

答え **リスペクト**

もっと語彙力

仰ぐ

「上のほうを見る」ことから、**尊び敬うこと**を指します。
例文：彼を師と仰ぐ。

慕う

恋しくて会いたいと思う気持ちのほかに、ある人物の行ないなどについて、**それに倣おうとすること**を指します。
例文：彼の芸風を慕って弟子になった。

畏敬

恐れ敬うこと。主に文章で使います。
例文：先人に畏敬の念を抱く。

〔文語〕

オマージュ

フランス語で「尊敬」のこと。相手に対して尊敬の念を表す言葉として使われています。
例文：この作品は師に捧げたオマージュでもあります。

トリビュート

賞賛や尊敬の印として捧げるもの。昔のミュージシャンのヒット曲などをカバーしたアルバムについて「トリビュートアルバム」と言うことがあります。

99　これをカタカナで言い換えられますか?

収益化をはかる

をはかる

（カタカナ五字）

「**マネタイズ**」とは、IT業界を中心に使われる言葉で、「収益化を図ること」「収益のないサービスを収益化すること」を意味します。

「収益」とは、利益を得ること。「**収益化**」で**利益が得られるようにすること**です。

たとえば、当初はエンドユーザーに無料で提供していたサービスについて、バナー広告を表示したり、有料オプションサービスを提供したりするなどの方法があります。

答え **マネタイズ**

もっと語彙力

ペイする

「ペイ（pay）」は、支払い、賃金のことですが、「ペイする」という形で「採算がとれること」を指します。
例文：その計画はペイしないから、中止すべきだ。

ベネフィット

利益、保険などの給付金という意味があります。「ペイ」が主にお金に関することであるのに対し、ベネフィットは「恩恵」などの無形の利益にも使います。英語で、benefitです。
例文：得られるベネフィットははかりしれない。

リターン

利益、収益、報酬のこと。投資でも「ハイリスクハイリターン」などと言いますね。
例文：投資に見合ったリターンがないなら、撤退する。

これを漢字一字で言い換えられますか？

役立つ

⬇

□する

「この仕組みは、生産性向上に資するところが大きいと言えます」など、会議などで使えると一目置かれる言葉の一つが**「資する」**。何かをするときに役立つこと、助けになることを意味します。

ちなみに、「資」という漢字は「次」と「貝」が合わさっています。「貝」がお金を意味するというのは聞いたことがあるかもしれません。「次」は、リラックスした人をかたどっています。つまり、資は、無理して手に入れることのない手持ちの財貨という意味合いからできた文字なのです。

答え **資する**

もっと語彙力

貢献する

何かの発展や繁栄に役立つように力を尽くすこと。英語にするなら**「コントリビューション」**です。
例文：世界平和に貢献する。

寄与する

社会や人に対して力を尽くして役立つこと。
例文：環境問題の解決に寄与する。

先憂後楽

人の上に立つ者は、他の人に先立って天下のことを憂い、世間の人が安泰になった後に楽しむべきだということ。北宋の政治家であった范仲淹(はんちゅうえん)の言葉です。

101

これを漢字二字で言い換えられますか？

ワイルドな魅力

□□あふれる魅力

　「ワイルド」も日本語にしづらい言葉ですね。野性的、粗野といった意味がありますが、**肯定的に使うなら、「野趣あふれる」**という言葉があるのではないでしょうか。

　「野趣」とは、自然のままの素朴な趣きという言葉です。

　「野趣に富む料理」「野趣あふれる露天風呂」などと使います。

答え **野趣（やしゅ）あふれる**

野性的

　自然のままである様子。人間が、**動物本来の本能を感じさせるような様**を指して言います。粗野、よく言えば豪快でたくましいイメージを持つ言葉です。
例文：野性的な魅力がある。

無骨（ぶこつ）

　言動や身なり、趣味などが洗練されていないこと。無作法を意味した「こちなし（骨無）」からきた言葉です。「武骨」と書くこともあります。
例文：彼は無骨な男だ。

粗削り（あらけずり）（荒削り）

　十分に洗練されていないこと。
例文：粗削りだが魅力的な選手だ。

これを漢字二字で言い換えられますか？

プライベートなことで恐縮ですが、
結婚しました。

□□で恐縮ですが、
結婚しました。

「**プライベート**」とは、個人にかかわることで、「**私的な**」という意味です。「プライベートレッスン」なら個人レッスンです。

ただ、仕事先で仕事とは関係ないことについて話を切り出すときは、「プライベート」は少し軽い印象になり、適さないでしょう。

言い換えるべき言葉としては、「**私事**」（しじ・わたくしごと）があります。こちらも「公ではない個人的なこと」という意味です。

「私事で恐縮ですが、先日結婚いたしました」などと使えるとスマートでしょう。また、家族の病気などで休まなくてはならない場合も**「私事で恐縮ですが、本日お休みをいただきます」**などと使えます。

答え **私事**（しじ・わたくしごと）**で恐縮ですが**

> もっと語彙力

プライバシー

こちらも個人的なことを意味しますが、「他人に干渉をされない権利」を指します。
例文：その質問は、プライバシーを侵害する恐れがある。

私用・所用

「私用」は個人的な用事、もしくは自分個人のために利用すること。反対語は**「公用」**です。

「所用」は、音が似ていますが、「用事」のあらたまった言い方です。「所用で欠席します」など、欠かせない用事のほか、用事の内容を特定しないときにも使われます。「当人所用の備品」など、「使っていること」を表すこともあります。
例文：私用で休暇をいただいています。
　　　ただいま、所用で外出しております。

これを日本語で言い換えられますか？

オプティミスティック　→　□観的

ペシミスティック　→　□観的

「オプティミスティック（optimistic）」は、「楽観的な」「楽天主義の」という意味の英語です。

反対語の「ペシミスティック（pessimistic）」は、「悲観的な」「厭世的な」という意味になります。哲学の用語では、「厭世主義」と訳され、「人生はもともと非合理で不幸である」という世界観を指します。

それぞれの人を指す場合は、「オプティミスト (optimist)」「ペシミスト (pessimist)」です。

答え　楽観的・悲観的

もっと語彙力

ポジティブ・ネガティブ

「ポジティブ（positive）」は「肯定的」「積極的」という意味です。「ポジティブアクション」と言えば、人種や性差などに基づく差別を是正するため積極的な改善措置を実施すること。

反対の「ネガティブ（negative）」は「消極的」「否定的」。「ネガティブキャンペーン」は、競合する商品などの欠点を指摘する広告のことです。

アクティブ・パッシブ

「アクティブ (active)」は、「能動的」「活動的」のこと。コンピュータやソフトウェアなどが、現在使用可能であることを示すときにも使われます。

一方「パッシブ (passive)」は「受動的」「消極的」と訳されます。

スタティック・ダイナミック

「スタティック (static)」は、動きがない様子で「静的」を表します。

反対は「ダイナミック (dynamic)」で躍動的で力強い様を指します。

ドメスティック

家庭的、また「国内の」という意味があります。英語ではdomestic です。「ドメスティック・バイオレンス」は、夫婦や親密な関係にある男女間の暴力のことです。

ドラスティック

手段などが徹底的で過激な様。drastic と書きます。「ドラスティックなリストラが行なわれた」などと使われます。

これを同じ意味の言葉に言い換えられますか?

曖昧模糊（あいまいもこ）とした報告書

□□色の報告書

（漢字二字で）

　曖昧模糊は、あやふやで物事がはっきりしないこと。「曖昧」も「模糊」もはっきりしていない様子を示します。
　これを言い換えた絶妙な表現に「玉虫色（たまむしいろ）」があります。玉虫色は、光の具合によって緑色や紫色に光って見える染め色（織り色）のこと。そこから、**いかようにも解釈できる曖昧なこと**を意味するようになりました。

答え **玉虫（たまむし）色**

もっと語彙力

灰色

　黒と白の間にあることから**善悪のどちらにもつかない状態**や、**明るさのない状態**を表します。
例文：自分の青春時代は、灰色だった。

あやふや

物事が確かでない様子。**あいまいで判断がつかない様**を表します。
例文：あやふやな態度。

うやむや

意図的に状況をぼやかそうとすること。
例文：また、話をうやむやにしようとしている。

煮え切らない

態度や考え方がはっきりしないこと。**優柔不断で、決断できない弱さなど**を表す言葉。似た意味の言葉に「**どっちつかず**」があります。
例文：煮え切らない返事ばかりで、何も進まない。

胡乱な
（うろん）

「胡」も「乱」も「乱れた様子」を表し、もともとは乱雑でやりっぱなしの状態などを指しましたが、その後不確実なこと、行動などがあやしくて疑わしいことについて使うことが増えています。
例文：胡乱な人物が公園をうろうろしている。

これを同じ意味の言葉に言い換えられますか?

時の人

☐児

　世間で話題になっているという意味の「時の人」という言葉があります。「今や時の人として脚光を浴びている」などと、時流にのって権勢を振るっている人に使われるほか、ネガティブな意味で世間で噂になっている人に対しても使われます。

　これを言い換えた言葉の一つに「寵児」があります。「時代の寵児」という言葉を聞いたことがある人も多いと思いますが、「世間でもてはやされている人」のことです。「特別に愛される子ども」という意味もあります。

答え

> もっと語彙力 ✏️

引く手あまた

　<u>誘う人・求める人が多いこと。</u>「今の時代、リケジョは引く手あまただ」など、多くは就職口や縁談などがたくさんある場合を指して使われます。「あまた」は「数多」と書きます。
例文：彼は優秀だから、会社を辞めても引く手あまただろう。

ブレイク

　爆発的に売れること、人気が出ることを「ブレイク（ブレーク）した」などと言います。
例文：今年ブレイクしたタレント。

引っ張りだこ

　「引っ張りだこ」は、たくさんの人に求められる人や物を表します。もともとは、意外にも磔（はりつけ）の刑罰を意味していました。手足を広げた状態で縛り付けられた様子が、蛸の干物に似ていたことに由来します。そこから、みんなが争って引っ張り合うくらいに人気がある、という意味で使われるようになったわけです。
例文：彼は仕事ができるから、どの部署からも引っ張りだこだ。

106

□□には何が入る?

□□は双葉より芳し

将棋の藤井聡太七段が、幼いころから将棋のセンスに優れていたといった話題を耳にしたとき、「栴檀は双葉より芳しですね」などと言えたらスマートですね。これは、大成する人は、子どものときから人一倍優れていることをたとえたことわざです。

「栴檀」は白檀の別称で、双葉のころからよい香りを放つことに由来します。

答え **栴檀**

> もっと語彙力

蛇は一寸にして人を呑む

優れている人は、小さな頃から人とは違ったところがあること。一寸（約3センチ）ほどの小さな蛇でも、人を飲み込もうとするような雰囲気があることからきています。

麒麟児

優れた才能を持つ若者のこと。「麒麟」は中国の霊獣です。似た意味の言葉に「神童」があります。
例文：麒麟児として将来を有望視されている。

反対の表現

大器晩成

優れた才能を持つ人は、若い頃は目立たなくても、年をとってから大成すること。「大器」は大きな器のこと。「晩成」は遅くできあがること。「大方は隅無く、大器は晩成す」という『老子』に出てくる言葉です。

□には何が入る?

□頭□尾
(最初はいいとして最後が尻すぼみのこと)

スピーチの出だしは素晴らしかったのに、最後はしどろもどろで終わってしまう。そんな状態を**「竜頭蛇尾（龍頭蛇尾）」**と表現します。頭は竜のように立派だが、尾っぽは蛇のように見劣りすることから生まれた言葉です。

似たような四字熟語に**「大山鳴動」**があります。「大山鳴動して鼠一匹」と続き、大きな山全体が鳴り響いたが、鼠一匹しか出てこなかったことに、尻すぼみであることをたとえています。

ちなみに「徹頭徹尾」は、始めから終わりまで、考えや態度を貫くことです。

答え 竜頭蛇尾（龍頭蛇尾）

> もっと語彙力

春蚓秋蛇
しゅんいんしゅうだ

見慣れない漢字がありますが、「蚓」はみみずのこと。春のみみずと秋の蛇で何を意味するのかというと、**字が曲がりくねっていて見苦しいこと**。「みみずののたくったような文字」などとも言いますね。

羊頭狗肉
ようとうくにく

「竜頭蛇尾」のように違う動物を組み合わせた言葉に「羊頭狗肉」があります。看板には羊の頭を掲げながら実際は犬の肉を売ることから、**見掛け倒し**ということです。

牛飲馬食
ぎゅういんばしょく

牛が水を飲み馬が草を食べるように、一度に大量に飲み食いすること。もっとスケールが大きい言葉に、鯨の出てくる「鯨飲馬食（げいいんばしょく）」もあります。

竜驤虎視（龍驤虎視）
りゅうじょうこし

竜のように天に昇り虎のように鋭く見ることから、**英雄・豪傑が威をふるう**様です。相手を威嚇（いかく）する様子がイメージできる言葉です。また、**志をもって情勢をうかがうたとえ**として使われることもあります。

108 □には何が入る?

青□吐□

たとえば会社の経営が苦しくて追い詰められている状態のとき、「資金繰りに追われ青息吐息だ」などと言うことがあります。「青息吐息」は、**非常に苦しんでいる様子**を表す四字熟語。「青息」は、苦痛を我慢できないときの息(青い顔をしているときの息)であり、「吐息」はため息のことです。

沈んだ顔をしてため息ばかりついている様子がうかがわれます。

答え （どちらも）**息**

もっと語彙力

虫の息

「息」は呼吸も表します。「虫の息」は、弱り果てて今にも絶えてしまいそうな息づかい。**特に死の寸前**である状態を意味します。
例文：助け出されたとき、彼は虫の息だった。

息がかかる

有力者などの影響や支援が及んでいること。吐く息が届くほどに近いという意味です。
例文：専務の息がかかった人物。

息の合った

　両方の調子が合う、**気持ちがぴったり合うこと**です。このときの「息」は、二人以上で何かをするときの気持ちのこと。
例文：息の合った演技が見ものです。

息の長い

　活動期間が長いこと。また、句点と句点の間が長い文章についても言います。
例文：息の長い選手だ。

息もつかせず

　息をする間もないほど、**動作が素早かったり何かが連続して起こったり**ということです。「つかせず」は「吐かせず」と書き、「息も吐けない」ということです。
例文：息もつかせぬ早業。

息を殺す

　呼吸をおさえてじっとしていること。
例文：息を殺して隠れていた。

□には何が入る？

□顧□眄

　周りの様子をうかがって決断をためらうことを「**右顧左眄**（うこさべん）」と言います。「右顧」は右のほうを見ることであり、「左眄」は左のほうを見ることの意味。「顧」はかえりみること、「眄」は横目で見ること。要するに**左右を見回してばかりで、一向に自分で判断しない様子**を批判的に表した言葉です。

答え **右顧左眄**（うこさべん）

もっと語彙力

右往左往

　同じく、右と左の語を使った四字熟語です。**どうしたらよいかわからず、あちらに行ったりこちらに行ったり**することです。
例文：「下駄を買いに出掛けても、下駄屋の前を徒（いたずら）に右往左往して思いが千々に乱れ」（『服装に就いて』太宰治）

吉左右

「左右」は便りのことで、**吉報**を指します。古い表現です。良いことか悪いことかどちらかの便りのことを指すこともあります。悪い便りは悪左右です。

例文：吉左右を待つ。

右文左武

文を右にし、武を左にすることで、**文と武の両方を重んずること、また、両方を兼ね備えること。**これも古い言葉です。

左右に置く

この場合の「左右」は、**身の回りのこと。**側近くに仕える人のことも言います。

例文：書物を左右に置く。

左右に託す

「左右」は、「はっきりしないこと」という意味もあります。「左右に託す」で、**約束せずその場を濁すこと**を表します。

左右する

影響を与えること。思うままに動かすこと。
例文：将来を左右する重大な決断。

110

□□には何が入る？

国士□□

　天下一の優れた人物を指して**「国士無双」**と言います。「国士」は国で特に優れた人であり、「無双」は並ぶ者がないほど優れているという意味です。**「二つと並ぶものがない」**というイメージが伝わりやすいですね。

　近年は、ジャーナリストの池上彰さんが選挙特番で政治家に容赦ない質問で切り込む様子が「池上無双」と言われています。

　中国の前漢で高祖 劉邦と項羽が争っていたとき、項羽のもとで引き立てられなかった韓信が劉邦のもとに行ったところ、そこでも登用されなかった。不満を持った韓信が逃げ出したとき、劉邦の家臣である蕭何が「韓信は国士無双であるから失ってはならない」と進言したことに由来します。

答え **無双**

もっと語彙力

天下無敵

　世の中に並ぶものがないほど優れていること。「無敵」は「無双」と同じ意味ですね。**「優れていて敵がない」**ということです。
例文：天下無敵の侍。

無二
むに

「無双」と似た言葉で、二つとないことを示します。優れていることのほかに、**かけがえのない存在**というニュアンスがあります。
例文：無二の親友。

無比
むひ

比べるものがないこと。そこから**「比べるものがないくらい優れている」こと**を意味します。
例文：当代無比の歌い手（「当代」はこの時代ということ。この時代に比べるものがない、ということです）。

無言
しじま

無言（むごん）でいることを指しますが、無言のときは口をつぐんでいることから、**静まり返っていることを示す「しじま」**もこの漢字を使うことがあります。しじまは、「黙」「静寂」などと文脈によって使い分けられます。

無い袖は振れぬ
そで

袖のない着物では振りたくても振りようがないことからの言葉です。そこから、実際に持っていないので**出したくても出せないこと、**多くは資金などについて使います。
例文：援助をお願いされても無い袖は振れない。

□には何が入る?

針□棒□

　何事も、ちょっとしたことを大げさに誇張して話す人がいます。いわゆる「盛る」ということでしょうか。これを表す四字熟語が「**針小棒大**」。針のように小さなことを、棒のように大きく言うこと。これを誇張することのたとえとした言葉です。棒大を膨大と書くのは間違いなので要注意です。大小のコントラストが面白い言葉ですね。

答え **針小棒大**（しんしょうぼうだい）

もっと語彙力

大なり小なり

　大きかろうが小さかろうが。**大小にかかわりなく、**ということです。
例文：大なり小なり、みんな食事には関心を持っている。

大同小異

　細かいところは違っても、**全体的に見ればほぼ同じこと**。意見に小さな違いはあっても、大勢の支持する意見に従うことを表す「小異を捨てて大同に就く」という言葉もあります。
例文：どの意見も大同小異だ。

胆大心小
たん　だい　しん　しょう

　「胆大」は、肝の太いこと。心小は細かなところまで注意すること。**度胸は大きく持ち、注意は細かくすべき**ということです。「胆は大ならんことを欲し、心は小ならんことを欲す」という中国の言葉から来ています。

大器小用
たい　き　しょう　よう

　優れた人に小さな仕事をさせること。**才能のある人を低い地位にしてその才能を生かさないこと。**
例文：彼にそんな仕事をさせるなんて、大器小用と言うしかない。

小利大損
しょう　り　だい　そん

　わずかな利益を得ようとしてかえって大損すること。
例文：わずかな利益にあくせくしても小利大損だ。

左と右をつなげて言葉にしよう

1　枚挙に　　　A　膾炙する
2　人口に　　　B　帰す
3　灰燼に　　　C　いとまがない

　「枚挙にいとまがない」は、たくさんあっていちいち数えられないことを意味します。いとまは「暇」であり、そんなに多くのものを数える時間的な余裕がない、という語句です。

　「人口に膾炙する」は、人々の話題になって広く知れ渡ること。「膾」はなます、「炙」はあぶり肉の意味で、美味しくてみんなの人気を集めることから来た表現です。

　「灰燼に帰す」は、焼けて跡形もなく燃え尽きてしまうこと。「灰燼」は灰と燃え殻のことです。

答え　1-C（枚挙にいとまがない）
　　　2-A（人口に膾炙する）
　　　3-B（灰燼に帰す）

「枚挙」の類語

列挙

<u>一つひとつ並べ上げること</u>。
例文：希望条件を列挙する。

「灰燼に帰す」の類語

雲散霧消（うんさんむしょう）

雲や霧が消えてしまうように、<u>跡形もなくなってしまうこと</u>。
例文：心のわだかまりが、その一言で雲散霧消した。

影も形もない

何一つ<u>形をとどめないこと</u>。
例文：振り返ったときには、その人の影も形もなかった。

元も子もなくなる

元金も利息も失ってしまうこと。そこから転じて、<u>何もかもなくしてしまうこと</u>を意味します。
例文：そこでやめては元も子もない。

左と右をつなげて言葉にしよう

1　一顧だに　　A　鈍する
2　鬼籍に　　　B　入る
3　貧すれば　　C　しない

「一顧だにしない」は、少しも注意を払わないこと。「顧」は、「顧みる」で、振り返ることです。「少しも振り返らない」ということで、「注意しない」という意味になりました。

「鬼籍に入る」とは、死ぬことを婉曲に表現した言葉です。「鬼籍」とは、お寺で亡くなった人の名前や死亡年月日を記しておく帳面のこと。この「鬼」は死者のことです。

「貧すれば鈍する」は、貧乏になると頭の働きが鈍くなって、さもしい心を持つようになることの意味。「起業に失敗してから人に頼ることばかり考えている。貧すれば鈍するだ」などと使います。「貧すれば窮する」と言われがちですが、誤用です。

答え　1-C（一顧だにしない）
　　　2-B（鬼籍に入る）
　　　3-A（貧すれば鈍する）

「一顧だにしない」の類語

とりつく島もない

　頼ったり相談したりしようと思っても、**相手がつっけんどんできっかけが見つからない様子**を表します。「島」は頼れるもの、よりどころ、という意味で使われているとの説があります。
例文：役所に相談したが、とりつく島もなかった。

けんもほろろ

　人の相談や頼みを**冷たく拒絶すること**。「けん」も「ほろろ」もキジの鳴き声、あるいは「ほろろ」は羽音とされます。その音に、荒々しく叱りつけることを意味する「剣突く」、情け心がないという意味の「慳貪」などの「けん」を掛けたという説があります。相手の「冷たさ」が表現される言葉です。
例文：受付で面会を申し入れたらけんもほろろに断られた。

「鬼籍に入る」の類語

不帰の客となる

　二度と帰らない人となる、つまり**死ぬこと**を表します。「**黄泉の客となる**」という言い回しもあります。「黄泉」は「よみ」とも読み、死後の世界とされています。

左と右をつなげて言葉にしよう

1　一世を　　　　A　唸らせる
2　大向こうを　　B　のむ
3　固唾を　　　　C　風靡する

「一世を風靡する」は、同時代の人たちがみんな受け入れて従うこと、広く知られること。「一世を風靡したアイドル」のように使います。「一世」はその時代のこと、「風靡」は風が草木を吹いてなびかせるように、広い範囲にわたって従わせること、という意味です。同時代の人が同じ方向に向いているイメージが伝わります。

「大向こうを唸らせる」は、多くの人の喝采を受けること。広くたくさんの人から人気を得るという意味でも使われます。

「大向こう」とは、劇場の一幕見の立ち見席。芝居にうるさい通の人がよく観覧していたとされます。そんな「大向こう」にいる人を唸らせるほどの見事な芸について使う言葉でした。

「固唾をのむ」は、ことのなりゆきがどうなるかと見守って緊張している様子を表します。「固唾をのんで子どものプレーを見守る」のように使います。「固唾」は、息をこらすと口の中にたまる唾のこと。経験的にもわかる言葉だと思います。

答え　1-C（一世を風靡する）
　　　2-A（大向こうを唸らせる）
　　　3-B（固唾をのむ）

「一世」を使った言葉

一世一代

「一生の間でただ一度限り」という意味の言葉です。「一世一代の晴れ舞台」などと、人生の重大な場面を表すのにも使います。この「一世」は生まれて死ぬまでの間、「一代」もまた人の一生涯を意味します。
例文：一世一代の大勝負。

「固唾をのむ」の類語

注視

「固唾をのむ」の言い換え語で、**注意してじっと見ること**の意味です。
例文：成り行きを注視した。

対義語は?

筋道を通す

⬇

□□を弄(ろう)する

「筋道」は、物事の道理や手順のこと。「筋道を通す」と言えば、道理を通すことです。

反対語は、「詭弁(きべん)を弄する」。相手を言いくるめるためのこじつけの議論を「詭弁」と言いますが、その詭弁を思うままに操ることを「詭弁を弄する」と表現します。「詭弁」の「詭」の字には「欺く」という意味があります。

答え **詭弁(きべん)**

もっと語彙力

能弁(のうべん)

弁舌が巧みで、よどみなく上手に話すこと。一言で言えば「話し上手」ということです。
例文:彼は能弁だ。

駄弁(だべん)

無駄なおしゃべり。
例文:駄弁を弄(ろう)する人。

抗弁(こうべん)

相手の主張に反対して自分の意見を述べること。
例文:必死に抗弁する。

訥弁(とつべん)

つかえたり、口ごもったりして話し方がなめらかではないこと。いわゆる「口べた」のことです。「訥」は、言葉がつかえてなめらかでない、という意味の漢字です。営業マンの中には、訥弁でありながら成績がいい人もいますから、コミュニケーションは奥が深いですね。

116

「機敏」の対義語は？

- A 鈍重(どんじゅう)
- B 停滞
- C 遅延

ちょっとした変化に対して素早く対応する様子を**「機敏に対処する」**などと言います。「機」は「兆し」を表します。

対義語は、動作や反応などが鈍くてのろいことであり、**「鈍重」**が当てはまります。鈍重は、本来、機敏に振る舞えないというだけで、頭が悪いとか能力がないということではありません。

「停滞」は、物事がはかどらないで、滞ること。**「景気が停滞している」**などと使われます。

「遅延」は、物事が予定の時刻や期日に遅れること。ラッシュ時の**「電車が遅延しています」**というアナウンスは、都会ではよく聞かれます。

答え **A**

もっと語彙力

鋭敏（えいびん）

　<u>頭の回転が速くて賢い</u>こと。鋭敏には感覚が鋭いという意味もあります。対義語に「遅鈍（ちどん）」といった言葉があります。
例文：鋭敏な頭脳の持ち主。

敏捷（びんしょう）

　動作や頭の働きが素早いこと。
例文：敏捷な動きのネコ。

俊敏（しゅんびん）

　頭の動きが鋭く、機転が利いて行動が素早いこと。
例文：彼は俊敏をもって鳴る（俊敏だと知られる）人物だ。

機（き）を見（み）るに敏（びん）

　機会をうまくとらえて的確に行動する様。素早くよい機会を見つけること。
例文：機を見るに敏な人物で、商機があるとしてすぐ事業を立ち上げた。

電光石火（でんこうせっか）

　動作が大変素早い様。もともとは、稲妻や火打石から出る火花のきらめきのように、非常に短い時間のことでした。
例文：電光石火の早業でした。

5　「語彙力増加メソッド」で、使える言葉を増やそう

著者　齋藤　孝（さいとう　たかし）

1960年静岡県生まれ。東京大学法学部卒業後、同大大学院教育学研究科博士課程等を経て、明治大学文学部教授。専門は教育学、身体論、コミュニケーション論。ベストセラー著者、文化人として多くのメディアに登場。主な著書に『声に出して読みたい日本語』（草思社）をはじめ、『三色ボールペンで読む日本語』『子どもの語彙力を伸ばすのは、親の務めです。』(KADOKAWA)、『質問力』(筑摩書房)、『1分で大切なことを伝える技術』(PHP新書)、『雑談力が上がる話し方』(ダイヤモンド社)『1分間孫子の兵法』『知性の磨き方』(小社刊)など多数。『語彙力こそが教養である』(KADOKAWA)は18万部、『大人の語彙力ノート』（小社刊）は30万部を突破するベストセラーに。著書発行部数は1000万部を超える。NHK Eテレ「にほんごであそぼ」総合指導。

大人の語彙力ノート
どっちが正しい?編

2018年12月13日　初版第1刷発行

著　者	齋藤　孝
発行者	小川　淳
発行所	SBクリエイティブ株式会社 〒106-0032 東京都港区六本木2-4-5 電話03（5549）1201（営業部）
印刷・製本	中央精版印刷株式会社

編集協力	渡辺　稔大
装丁	小口　翔平＋三森　健太（tobufune）
本文デザイン	ISSHIKI
本文イラスト	坂木　浩子
構成	鷗来堂
編集担当	多根　由希絵

落丁本、乱丁本は小社営業部にてお取り替えいたします。
定価は、カバーに記載されております。
本書に関するご質問は、小社学芸書籍編集部まで書面にてお願いいたします。
ISBN978-4-7973-9605-8
© Takashi Saito　2018 Printed in Japan